戰爭的根源
兩種地緣政治學的對峙與交鋒

戦争の地政学

篠田英朗 著

鄭天恩 譯

目次

序　章　**地緣政治學的視角與激烈變化的世界情勢**

地緣政治學有用嗎？／兩種相異的地緣政治學的「視角」／洞察結構性傾向的實用性／對地緣政治學的想法／本書的結構

007

第一部　地緣政治學是什麼？

第一章　英美系統地緣政治學與大陸系統地緣政治學的對峙

超越地緣政治學的地緣政治學視角／地緣政治學誕生的時代／與德意志國家有機論對抗的英美立憲主義／非地緣政治學的地緣政治學觀點

023

第二章　**地緣政治學理論的對立構圖——麥金德與豪斯霍弗**

麥金德的登場／歷史的地理樞紐／豪斯霍弗的地緣政治學理論／英美系統與大陸系統地緣政治學的對峙

038

第三章 對立的地緣政治學理論發展——斯皮克曼與施密特　055

斯皮克曼地緣政治學理論的普世主義／施密特的「大空間」地區主義

第二部　從地緣政治學看戰爭史

第四章 發生在歐洲的戰爭歷史　074

對歐洲國際社會的不同理解／從大陸系統地緣政治學所見的歐洲國際社會／從英美系統地緣政治學所見的歐洲國際社會

第五章 從地緣政治學看二十世紀的冷戰　088

擴大的門羅主義／冷戰時期的美國地緣政治學

第六章 冷戰結束後的世界與俄烏戰爭　099

英美系統地緣政治學面對的課題／大陸系統地緣政治學的復甦／北約東擴的問題

第三部　從地緣政治學看日本的戰爭

第七章　從英美系統地緣政治學看戰前的日本
孕育出麥金德理論的英日同盟／日本的地緣政治學素養／日本涉足大陸的地緣政治學意義
114

第八章　從大陸系統地緣政治學看戰爭期間的日本
大陸系統地緣政治學降臨日本／戰後視地緣政治學為禁忌，與接納德意志思想的傳統
129

第九章　作為戰後日本密教的地緣政治學
斯皮克曼地緣政治學與日本國憲法／斯皮克曼地緣政治學與美日安保條約／意識形態對立中的日本外交安全保障政策
136

第四部　從地緣政治學看現代世界的戰爭

第十章　現代世界武力紛爭的整體架構
二十世紀的武力紛爭傾向／冷戰結束後的武力紛爭傾向／紛爭
151

第十一章　世界各地區的紛爭架構

頻傳的帶狀地帶之地緣政治學性質／從英美系統地緣政治學來看現代世界的紛爭結構／從大陸系統地緣政治學來看現代世界的紛爭架構

非洲的紛爭架構／中東、南亞的紛爭架構／前蘇聯外圍地帶的紛爭架構／烏克蘭的悲劇

第十二章　自由開放的印度－太平洋與一帶一路

中國是什麼？／一帶一路是什麼？／自由開放的印度－太平洋是什麼？

結　語　名為地緣政治學的紛爭分析視角

本書參照的日語基礎文獻

171

184

197

201

序章 地緣政治學的視角與激烈變化的世界情勢

地緣政治學有用嗎？

當我們用地緣政治學的視角來釐清國際紛爭的架構時，結果會如何？

本書要致力解答的就是這個問題。我將會運用地緣政治學的視角鳥瞰國際政治情勢，同時也會帶各位思考，當我們特別聚焦在國家安全議題的時候，地緣政治學的視角有什麼實用之處。因此，本書特別重視的是相異地緣政治學的視角，所映照出的世界觀差異。

人們身處的周遭環境，其地理狀況不可能對人的生活毫無影響。既然如此，著眼於地理環境影響所導致的架構，並進而分析國際情勢，則理所當然有其實用性。地緣政治

學的視角，就是從這種洞察當中產生的。

人類無法從根本上改變外界的環境。不要說移動大陸的位置了，通常就連大幅改變河川的位置，都不是件容易的事。正因如此，在特定地理環境中培養出來的人類群體，其歷史、文化、社會狀況，也非一朝一夕能夠改變。

故此，事前就先充分留意到這些結構性的要素，並且推測、分析某些具體現象的背後是否也有這些結構性要素在運作，這樣的做法，總是有一定的實用性。

然而，地理狀況對人類生活產生的影響其實是複合性的，也因此，關於地緣政治學的理論體系，也會有多種相異的版本同時成立。各式各樣具備相異理論架構的地緣政治學，彼此既相互衝突，卻也同時並存。換言之，是從所謂世界觀的差異中，才產生了版本各異、種類多元的地緣政治學。

對地緣政治學最典型且古典的批判，就是它太過宿命論了。但是，人要憑藉自由意志抵抗環境要素、操縱周遭環境帶來的影響，並讓地理條件產生變化，這並非完全不可能。毋寧該說，人類總是一方面利用這些環境要素所提供的條件，同時也積極地以人為意志加以變更，這才創造出了屬於人類的歷史。所以要把握到那些可以從結構性要素中洞察到的傾向，並留意人類的世界觀差異所交織而釀成的衝突，這樣才能更為適當地運

戰爭的根源：兩種地緣政治學的對峙與交鋒　8

用地緣政治學。

擁有地緣政治學的視角，就能理解因結構性要素而產生的傾向。它的實用性不只可以讓我們得知傾向，還可以進一步進行情勢分析。按照由結構性要素產生的傾向來進行分析，比起不按此進行，較不會遺漏重要的因素，故能達成適切分析的蓋然性也較高。在這個範疇內，地緣政治學的視角非常實用。

相異的地緣政治學之所以會產生，是因為傾向也並非只有一種，而是總有多種傾向存在。運用地緣政治學視角將傾向抽取出來之後，接下來的工作就是要比較這各種不同的傾向了。大概在這種時候，分析者不只會深思本身所背負的立場，也會依循自己所站的位置，來針對傾向進行分析。相異的地緣政治學視角，會造就因世界觀差異而爆發的衝突；在把這件事當成大前提，並確立自己的視角上，地緣政治學相當有用。

地緣政治學所帶來的，並非照本宣科的世界情勢分析。不同的人類世界觀，會創造出相異的地緣政治學視角，從而導致衝突；如果我們想要一方面掌握這點，同時發覺自身的線索，則地緣政治學的視角也相當有用。

本書所要嘗試的，就是一邊從實用角度去思考地緣政治學視角，一邊關注相異地緣政治學背後的相異世界觀，從而分析國際紛爭的架構。

9　序章　地緣政治學的視角與激烈變化的世界情勢

兩種相異的地緣政治學

近年來，人們對地緣政治學的關心日益高漲，也有許多書名中包含「地緣政治學」的書籍不斷在市面上登場。要理解這激烈變化的世界情勢，關鍵似乎就藏在地緣政治學裡面。二○二二年俄羅斯入侵烏克蘭，讓眾人對地緣政治學的關心更上一層樓。

只是，大部分書名有「地緣政治學」的書籍，都僅是各隨己意來討論地緣政治學，既沒有共通點，看起來也是雜亂無章，所以儘管出版了這麼多書籍，卻反而變得更難以理解。要明確回答「地緣政治學是什麼？」這個問題，出乎意料地並非易事。

在討論匯率行情波動、投資判斷的時候，人們常常會參考所謂「地緣政治風險」這個概念。這個詞在一般定義中，指的是「不容易預測的政治情勢，對經濟指標產生不良影響的可能性」。但就算如此，仍然只有很少數的情況下能清晰理解其內容；大多數情況裡，則只是把不可預測的政治情勢變化，用「地緣政治風險」這個抽象概念加以稱呼。

與此相反，本書的說明會盡我所能地讓讀者可以有體系地理解地緣政治學的視角。

不只如此，本書所提供的視角，也會讓讀者更能理解如何用運地緣政治學來鳥瞰國際情勢。

不過在此同時，我也不敢輕易主張讀了本書，就能完全理解地緣政治學。我所著眼的是在討論地緣政治學的時候，最為根本且容易造成混亂的要素。

一般人們所稱的地緣政治學，其實有兩個完全相異的傳統，那就是「英美系統地緣政治學」和「大陸系統地緣政治學」。關於兩者的差異，一般都以兩種學派的差異來加以說明。

然而，這兩者與其說是地緣政治學中的學派差異，實際上展現的則是更大、更根本的世界觀對立。不只如此，它最終也會展現在政策面上的差異。比方說重視海洋的英美系統地緣政治學，就會更重視由各個分散存在的獨立主體，進行網絡式連結的戰略。至於大陸系統地緣政治學，則是以勢力範圍思想為特徵，執著於其影響所及範圍的確保與擴張。

這兩種相異的地緣政治學，其實是立基於決定性的世界觀差異，於是才導致了理解「地緣政治學究竟是什麼」的重大差異。這種完全相異的理論觀點，並不能單單用地緣政治學討論本身的錯綜複雜來加以說明，而是必須以結構性的方式，來解釋實際國際情勢中深刻的對立。

本書不只是著眼在這兩種相異的地緣政治學，對雜亂無章的討論進行整理，還要提

11　序章　地緣政治學的視角與激烈變化的世界情勢

供足以從結構面，掌握現實世界國際情勢動向的視角。

名為地緣政治學的「視角」

「地緣政治學」雖然號稱為「學」，但並不被看成是一種學術的研究範疇。在市面上出版的眾多書籍中，由學者執筆的作品非常少。將「地緣政治學」當成學系、學科，甚至授課科目名稱加以引進的大學，幾乎不存在。故此，「地緣政治學」並不是以一種堪稱為「學」的學術範疇形式存在。

所謂「地緣政治學」（Geopolitics），是一種在重視地理（Geographical）條件下，對政治（Politics）情勢進行分析的視角。雖然當中累積了非常豐富的討論，足以證明其視角的重要性，但它仍不是一種擁有堅實研究領域、具同業意識之研究者階層的學術範疇。不只如此，因為它是將地理學要素、政治學要素、國際政治學要素等通常很少被組合在一起的多個範疇的視角，以跨領域的方式加以融合，具有折衷的特質，故此地緣政治學的視角，並不能簡單歸納進單一的學術範疇內來加以論之。也正因此，打從一開始就自命為地緣政治學專家的研究者，其實非常罕見。

戰爭的根源：兩種地緣政治學的對峙與交鋒　12

更進一步說，日本在第二次世界大戰之前的時期，對地緣政治學就抱持著獨樹一幟的關心與參照，在政策討論上也頻頻加以參照。所以有一些反省認為，這種對地緣政治學的關心與參照，已經以錯誤的形式連結到了戰爭的正當化，因此，地緣政治學被廣泛理解為一門危險且似是而非的學問。即使到了今日，以正面態度信奉地緣政治學的學者仍然很少。

本書是在認知到這種關於地緣政治學的知識脈絡，並在此前提之下，才一邊大膽地將學術上已確立的見解加以組合融會，一邊探求地緣政治學視角的實用性。更具體而言，筆者是將自身專業的國際政治學裡已確立的前行研究，與紛爭解決學中各式各樣既存的討論相互對照，從而試著理解地緣政治學視角的實用性。

理論流派一旦太過發達，就會開始封閉地自給自足，呈現出一副為自我辯護而辯護的嘴臉，從而產生出各式各樣的弊害。為了不讓地緣政治學落入同樣的陷阱，我們必須不斷進行驗證。

比方說，二○二二年俄羅斯入侵烏克蘭之際，芝加哥大學國際政治學者米爾斯海默（John Mearsheimer）成為矚目的焦點。因為他所提倡的「攻勢現實主義」（offensive realism）立場，從以前就主張北約不該東擴，所以這次他又重申，造就戰爭的原因並非

13　序章　地緣政治學的視角與激烈變化的世界情勢

發動侵略的俄羅斯,而是以美國為中心的北約。

米爾斯海默的討論,具有一種含蓄的洞察。由於它引發了廣泛的議論,所以要無視於此,毋庸置疑是不可能的。但是米爾斯海默的討論,卻完全全只是以十九世紀歐洲國際政治的大國政治為模型,並以此力陳對俄羅斯勢力範圍存在的認知,因此,要直接將之硬套進入二十一世紀的國際社會,是不可能的。不只如此,「攻勢現實主義」本身,採取了一種只強調米爾斯海默所重視的特定要素,並將其他要素從分析對象中排除的姿態。簡單說,它是把假說單純化,透過這種方式成立一套理論,再用這套理論來提供某種純化的框架;因此,即便它在特別描述某一個要素並加以評價的時候有用,但在整合起來獲取最終分析和結果時,就不保證同樣有用了。

分析者必須時時留意,「攻勢現實主義」為了維持理論的體系性,會無視於某些要素,而這些要素很可能相當重要。將「北約東擴惹得俄羅斯總統普丁不悅」這種推察,引申成「這是俄羅斯入侵烏克蘭的決定性導火線」、「其他要素不具重要性」,甚至將普丁的行動加以正當化,這樣的想法是完全不能成立的。

地緣政治學的視角,也僅僅是一種視角而已,其之於學術研究範疇中已成立的各式各樣學派之各式各樣理論架構,不過是具有同等的重要性而已。或者說,既存的紛爭解

戰爭的根源:兩種地緣政治學的對峙與交鋒　14

決學當中都會討論到引發紛爭的各種要素,而地緣政治學視角所重視的紛爭要素,並非「更」值得注意;兩者的重要性不過是同等的罷了。然而,至少地緣政治學的視角仍確實具有這種程度的重要性,所以值得好好探討。

洞察結構性傾向的實用性

更進一步說,誕生自不變的地理條件下的「結構性要素」之「傾向」,正是地緣政治學視角所著眼之處,因此,它不只可以用於闡明安定的國際情勢結構,在國際情勢流動程度高漲的時候,也出乎意料能展現出高度的實用性。簡單說,就是地緣政治學視角可以解說結構性的安定架構,也能闡明結構性情況所導致的變化。

打個比方來說,假設在某種突發事件下,房屋產生了物理性的損壞,甚至地形也有所改變;但隨著時間經過,新的房屋會重建起來,也會有針對地形,想讓它恢復原狀的力量展開運作。這些結構性要素,諸如:許多人想居住在這個村鎮、地形因應自然環境而形成等等,便決定了歷史潮流的傾向。國際政治也是如此,冷戰體制的結構長期持續,之後隨著蘇聯瓦解澈底崩潰,這就是長期動向與突發變化交互作用產生的結果。在這裡

15 序章 地緣政治學的視角與激烈變化的世界情勢

引進地緣政治學視角後，就能發掘出圍繞著諸多事態的結構性要素，及其所產生的各種傾向。

二十世紀國際秩序的結構轉換，容易引發怎樣的反彈？為什麼冷戰體制能維持長期安定的結構？蘇聯瓦解衍生出的冷戰體制終結，可以讓我們預期到世界的鐘擺，接下來會往哪個方向擺動嗎？面對這些不掌握大局及長期傾向就無法解答的問題，地緣政治學視角則能洞察到結構性要素所導致的傾向，故具有很重要的實用性。

我自己針對二十世紀國際秩序結構轉換的餘波、冷戰體制延續性的基礎、冷戰結束後世界流動性的要素等問題，都做了各式各樣的思考，也針對各個主題，發表了不少著作與論文。有時我會明白表示自己參照了地緣政治學的視角，有時則因為篇幅的緣故，沒有寫出相關的參考；但不管是怎樣的情況，地緣政治學的視角始終存在我心中。或者說，隨著工作日益積累，我對地緣政治學視角的關心也益發高漲。故此，對身為研究者的我而言，本書的意義雖然有點算是追加任務，卻是必然要做的工作。

戰爭的根源：兩種地緣政治學的對峙與交鋒　16

對地緣政治學的想法

我是一九九一年大學畢業、進入研究所就讀的世代，也就是冷戰結束後，第一批進入研究所就讀的世代。我所生在的二十世紀的國際社會是什麼？冷戰體制是什麼？冷戰結束後的世界又會發生什麼？我一直對這些問題抱持著強烈的關心，並致力這方面的工作。如果冷戰結束後，世界被賦予「自由民主的勝利」這一特徵，那它具體上到底是怎樣的一回事？我思考這個問題並持續論述直至今日。如果冷戰結束後的世界中充斥著「文明衝突」與「反恐戰爭」等挑戰，那又是怎樣一回事？我同樣思考並持續論述。在這種視角下，我不斷觀察世界各地頻傳的武力紛爭、和平磋商與軍事介入，也觀察紛爭後的維和活動。

我所觀察的這一連串對象，歸結起來即為當前的世界。比方說二○二一年，阿富汗共和國政府隨著美國全面撤退而土崩瓦解，二○二二年俄羅斯入侵烏克蘭，在歐洲掀起巨大的戰爭；目擊到這種宛若歷史節點般的重大事件，不禁給我一種更強烈的動機，來重新深入整理自己對地緣政治學的理解。出於內心湧現的強烈衝動，我想試著以地緣政治學的視角，重新掌握世界情勢。

本書就是這項嘗試的成果。在這層意義上，本書雖然有地緣政治學概論書的性質，但也有一名國際政治學者為了掌握同時代的動向，盡綿薄努力的性質。

本書的結構

本書基於上述的問題意識，將全書分成四部，依序進行討論。

第一部是作為概論，提示討論的架構，其中，我將處理地緣政治學的理論框架。一方面，我會介紹主要的地緣政治學者之討論，另一方面也會展現地緣政治理論彼此對立的構圖。具體而言，我是就「英美系統地緣政治學與大陸系統地緣政治學」的世界觀差異，會對政策決定者產生怎樣不同的影響，又會讓紛爭分析者產生怎樣相異的見解，來進行整理。我在全書中一以貫之要討論的，是基於英美系統與大陸系統地緣政治學這兩種迥異的地緣政治世界觀，產生了網絡型戰略與勢力範圍思想戰略，而這兩種戰略又帶來了世界規模的、各執己見的政策議論。一般，我們都把英美系統與大陸系統地緣政治學的差異，當成單純的學派差異來看待。然而本書認為，這兩者其實象徵著更根本的世界觀差異。不只如此，它們也深刻反映了現實世界人們的對立。

戰爭的根源：兩種地緣政治學的對峙與交鋒　18

在第二部中我要處理的是，在產生了地緣政治學視角的歐洲，地緣政治學如何協助現實國際情勢的分析，並對現實國際情勢產生影響。這項作業，最終會歸結在這個探問：因俄烏戰爭而浮上檯面的當代歐洲地區安全保障的結構性問題，用地緣政治學視角要怎樣分析？在這裡，英美系統地緣政治學與大陸系統地緣政治學各執己見的世界觀，可以作為重要的線索加以參考。

在第三部中，為了讓日本讀者也能從貼近本國的歷史中感受到地緣政治學視角具備的意義，所以我將著重討論地緣政治學視角在日本歷史中是如何被看待。特別重要的是，在第二次世界大戰前後，此時期日本的政策討論中，地緣政治學視角是如何被運用的？在此，英美系統與大陸系統地緣政治學各執己見依舊十分重要。

在第四部中，我會更進一步從地緣政治學視角出發，對當代世界各地區的紛爭狀況加以探討。當代世界的紛爭，幾乎都是爆發在從非洲到中東、南亞這塊地區。一直以來，幾乎沒有任何人從地緣政治學的角度來分析非洲，而本書想要做的就是填補這塊空缺。另一方面，對中東和南亞的地緣政治學視角討論，則往往會受到十九世紀歐洲中心論式的帝國主義影響。本書想要做的，就是跨越這種制約。再者，中國以超大國之姿崛起帶來的影響規模，雖然廣及整個世界，但對日本所在的東北亞，影響無庸置疑是最為巨大

19　序章　地緣政治學的視角與激烈變化的世界情勢

的。東北亞的情勢蘊含著潛在而深刻的紛爭架構，對此，我也會從地緣政治學的角度來加以探討。在探討這些地區的過程中，雖然我的手法有所不同，但一貫的參照點，還是英美系統與大陸系統地緣政治學的各執己見。

透過這樣的討論，本書所要闡明的就是兩種相異地緣政治學，所帶來的根本世界觀差異。但是，透過描繪出這種差異所帶來的衝突，也能清楚呈現更高層次的地緣政治學視角帶來什麼樣的實用性。依循這點，我們也能對國際紛爭的架構，產生更深一層的理解。

第一部 地緣政治學是什麼？

在第一部中,我將展示兩種不同地緣政治學,也就是英美系統地緣政治學(Geopolitics)與大陸系統地緣政治學(Geopolitik)的理論架構。這兩者擁有迥然相異的世界觀與理論基礎,儘管同樣被稱為「地緣政治學」,但要說是兩種完全相異的事物也不為過。

首先在第一章,我們要闡明的就是這兩種迥異的地緣政治學,究竟差異在哪裡?

第二章中,我透過將麥金德(Halford Mackinder)的地緣政治學理論與豪斯霍弗(Karl Haushofer)相互對照比較,來展現這兩種相異的地緣政治學,在代表性的理論觀點下,是怎樣獲得解釋的。

第三章中,我則會更進一步聚焦在活躍於二十世紀前半的斯皮克曼(Nicholas

Spykman）與施密特（Carl Schmitt）這兩位理論家，就「對歷經兩次世界大戰的世代而言，地緣政治學的視角能夠闡明什麼」這點進行討論。

第一章 英美系統地緣政治學與大陸系統地緣政治學的對峙

在第一章中，作為本書基本的草圖，我想試著用地緣政治學的歷史淵源，來釐清並呈現兩種相異地緣政治學的存在。若是從歷史觀點來看，原本的地緣政治學，其實是屬於本書稱為「大陸系統地緣政治學」的傳統；至於所謂英美系統地緣政治學傳統，一開始則並沒有絲毫自認為是「地緣政治學」的態度。因此在某種程度上，兩者擁有的思想背景是相異的。區分英美系統地緣政治學與大陸系統地緣政治學的差異點，主要是在有無國家有機論的要素、是否採用二元論世界觀，抑或採用多元論世界觀的這幾點上。

超越地緣政治學的地緣政治學視角

一般的地緣政治學概論書籍，開場都會按照時序，追溯主要的地緣政治學者之姓

在本書當中,為了掌握住地緣政治學相關討論在歷史中的發展,也將會帶讀者綜觀這些討論截至二十世紀為止的情況。只不過在此之前,由於本書之目的在於回答何謂地緣政治學視角的這個大哉問,緣此,必須先確認以下的事情。

「地緣政治學」只是一個為了方便而發明的用語,因此即使有一些人自稱為「地緣政治學者」,但他們並不被看成是地緣政治的主要論者。相反地,今天被視為地緣政治理論代表人物的麥金德,他就從不自稱地緣政治學者。這是怎麼一回事呢?

首先,本書所關心的地緣政治學視角,在於了解地理條件所導致的結構性要素之下,會產生怎樣的傾向,若由此來看,則應探討的對象,就不只限於狹義的地緣政治學。人類既然要生活下去,那麼就必然被地理條件所影響;說得更精確一點,人類自有史以來,就恆常是一面觀察地理條件,一面設法謀生。

即使從最原初的政治社會來看,不考慮地理條件的事例可說完全不存在。容易謀生與否,是決定社會生活據點在哪的依據,這指的主要就是地理條件。就連在文明社會誕生之際,地理條件也都是最需重視的事項之一。

截至目前為止,世界上的大都市絕大部分都是面向海岸和河川,不用說,這是因為考量到交通、交易上的便利之故。至於必須建造要塞以抵禦外敵威脅的場合,人們則會

戰爭的根源:兩種地緣政治學的對峙與交鋒　24

英美系統地緣政治學與大陸系統地緣政治學的比較表

	英美系統地緣政治學	大陸系統地緣政治學
代表人物	麥金德、斯皮克曼	豪斯霍弗、施密特
世界觀	二元論的世界觀（海與陸）	多元論的世界觀（領域）
關鍵字	心臟地帶、海權、陸權、邊緣地帶、橋頭堡	生存空間、泛理念（Pan-Ideen）、地緣政治（Geopolitick）
特徵	重視地理條件、海洋自由、海洋國家對陸上國家進行封鎖的意向	重視國家有機論、大國主權、以複數領域存在為前提來建立秩序的意向
思想傾向	親當代國際法，走普世主義與自由主義路線	親十九世紀歐洲公法，懷古、反普世主義與自由主義
政策傾向	網絡型同盟戰略	領域擴張主義戰略

充分考量到天然屏障，如山岳地帶的險峻地形等。當爆發戰爭的時候，能夠不時有效運用戰場地理條件的一方較易取勝，這對軍人來說是最最基本的道理了。國家這類政治共同體的性質，也大半是受到地理條件所決定的。四周環海的日本，很難被外敵征服占領，但反過來說，即使增強軍事力量，也很不適合讓本國的領土往外擴張。

比如說，在山岳地帶眾多的日本，國內沿海的平原地區容易誕生強力的政權，但被山脈隔離的眾多平原地區各自存在的政權之間，也很容易產生對立。日本政治權力的中央集權化，是先在關東平原這個最大的平原上確立起單一政治權力之後，為了補足交通交易上的不利，又再引進鎖國政策，最終才

達成的。

這樣一想,我們可以說,早在所謂「地緣政治學」這個語彙流通之前,人類針對地理條件所導致的結構性要素之下會產生的種種傾向,就已經進行過許多知識上的分析了。

是故,我們要以地緣政治學視角學習的東西,儘管是以狹義的地緣政治學討論為核心,但也不一定要侷限於此。再者,地緣政治學這個概念的誕生,應該被當成一種歷史事件來理解,所以地緣政治學的視角,也不見得要拘泥在地緣政治學的誕生上。我們該做的是依循歷史來龍去脈,來掌握十九世紀末「地緣政治學」這個用語在歐洲登場時的具體狀況。

地緣政治學誕生的時代

在這裡必須指出第二個要留意的重點,即「地緣政治學」這個用語在十九世紀末歐洲誕生之際,也就是僅止於誕生而已,還並未成為知識分析的起點,來了解地理條件導致的結構要素所產生的傾向。

戰爭的根源:兩種地緣政治學的對峙與交鋒　26

十九世紀，在歐洲誕生了許許多多的學術體系。像是「經濟學」與「社會學」等學術領域，在十九世紀以前還並不存在。另一方面，也有在十九世紀被人們當成一門顯學加以宣揚，但最後卻未能變成顯學的例子。比方說在十九世紀的德意志，就有一門日益萌芽、橫跨今日法理學及政治理論領域的「國家法學」（Staatsrechtslehre）曾受到人們熱烈討論。所謂的國家法學是一套思考體系，其受到黑格爾《精神現象學》（一八〇七年）與《法哲學原理》（一八二一年）等著作所樹立的觀念論哲學的巨大影響，而在其基礎的法律思想則具有國家有機論的特徵。

黑格爾所生的時代，在學術上，深受康德之影響，然而在政治上，則有法國大革命的衝擊動搖整個歐洲。透過法國大革命，盧梭的思想對十九世紀的歐洲，乃至於二十世紀全世界都產生了影響，於是人民開始被視為「國民」（Nation）這樣的一種實體，是一個具有「普遍意志」的主權者。這種「國民」等於「國家」主權者的理論，在當時只知道絕對王權下絕對主權論的歐洲，堪稱是革命性的思想。黑格爾則經由康德承繼了盧梭的思想，並將作為活生生實體、擁有主權的民族國家政治哲學，昇華成史無前例的抽象命題這種普遍的看法。而象徵著十九世紀德意志思想的有機國家論，就是透過黑格爾的天才被確立下來的。

據黑格爾所述,「國家是倫理理念的現實狀態」,或者說「國家是實體性意志的現實所呈現之物」,不只如此,還是「自在自為(an und für sich)的理性事物」。黑格爾強調「國家是有機的組織」,依循這種本性,「一旦所有的部分並沒有趨向同一、或是一部分被判定為獨立事物的時候,那整體就必將陷於滅亡」。接著,黑格爾舉出國家「作為各契機的觀念性的實體統一」特質作為「構成國家(內部)主權的規定」,並強調國家的特殊職能與活動,就是國家本質的契機。藉由這種「有機體的國家」觀,國家被當成一個活生生的實體來看待。

在黑格爾的影響下,十九世紀有一群德意志的法哲學者,發展出一套獨特的觀念論法哲學。伯倫知理(Johann Kaspar Bluntschli)強調了具有人格與有機整體性的「國家主權」。伯倫知理在一八五二年寫成的主要著作《國法泛論》(Allgemeines Staatsrecht)最能讓人感覺到德意志國家法學的特徵,也就是將橫跨我們今日的憲法到國際法領域的國家法哲學,置於掌管整體公法領域的法學頂點。十九世紀後半德意志國家法學家拉班(Paul Laband)、耶林內克(Georg Jellinek)、耶林(Rudolf von Jhering)等人厚重的哲學法理論,和同時代吉爾克(Otto von Gierke)以中古以來團體法人格論為依據的

歷史法學重合在一起，對歐洲全境產生了決定性的影響。德意志國家法學在現實世界中，獲得俾斯麥鐵血政策的背書保證，配合統一德意志帝國的巨大國力，不久就和極端的國家主義思想連結在一起。十九世紀末的政治思想家特賴茨克（Heinrich Gotthard von Treitschke），就把國家定義為力量，並且肯定戰爭，認為這是國家必然的行為。

順道一提，十九世紀後半，處於明治時期的日本急於近代化，而引進了歐洲系統的法律，故當時在制定《大日本帝國憲法》的時候之所以決定模仿普魯士的憲法，也是受到了同時代德意志國家法學的存在感所影響。負責起草《大日本帝國憲法》的伊藤博文，師事的就有格耐斯特（Rudolf von Gneist）、莫塞（Albert Mosse）、史坦恩（Lorenz von Stein）等德意志國家法學家。伊藤的智囊井上毅以及聘請來的外國法學家羅斯勒（Karl Friedrich Hermann Roesler）等人，也都同樣受到德意志國家法學、歷史法學的強烈影響。立於日本法學頂點的東京大學法學部憲法第一講座教授，被美濃部達吉、宮澤俊義等留學德意志的歸國者所占據，他們的弟子也在全國各地的大學，講述以德意志國家法學為基礎的憲法論。

就在這樣的時代環境中，「地緣政治學」的概念誕生了。最早是在一八九九年，瑞典的政治學家契倫（Rudolf Kjellén）使用了「地緣政治學」（Geopolitik）這個語彙。

29　第一部　地緣政治學是什麼？

但契倫開始提倡這個概念,是受到他的老師——德意志地理學者兼生物學者拉采爾(Friedrich Ratzel)使用的「政治地理學」(Politische Geographie)這一概念所影響。比起首次使用「地緣政治學」一詞的契倫,十九世紀末在德意志帝國內擁有莫大影響力的拉采爾要來得更為重要。

拉采爾的「人類地理學」融合了地理學與生物學,從今日來看,當中包含了一些可視為文化人類學的、對原初人類社會發展論的相關研究。拉采爾透過南北美大陸的調查旅行,對政治共同體的成立過程展開了研究,這也連結到了「政治地理學」。拉采爾在一八八二到一八九一年間發表的《人類地理學》當中主張,所有原始的社會集團,都是由於和地理環境的關聯,而產生出形色色的發展。另一方面,他在一八九七年的著作《政治地理學》中,將國家定義為與其鄰接國及生命圈相互競逐的有機體,將「人類地理學」與「國家有機論」結合起來,發展出一套討論。後來納粹的領導階層也利用了拉采爾的討論,不過,國家有機論主要是在法律領域的討論,拉采爾則透過人類學研究試圖對其進行歷史實證,在這點上,拉采爾對後世的影響可謂深遠。

契倫師事拉采爾之後於瑞典進行研究,並在更進一步發展國家有機論的過程中,想出了「地緣政治學」這個詞彙。契倫強調,國家是人類集團與大地共同構成的有機實體。

戰爭的根源:兩種地緣政治學的對峙與交鋒　30

從這個觀點出發，他重視政治與地理的融合，並編織出「地緣政治學」的概念。在契倫的想法裡，「地緣政治學」是定位在政治學內的領域之一，這種學術性的看法是關於國家作為一有機實體，其擁有地理分界線而存在著。

而提到契倫，他有某部分的討論具備政策意涵，例如他提倡國家作為自給自足體制的重要性，還有理想的國家自然邊界應以海為界，所以大陸國家致力踏足海洋乃是必然之事，等等，這些具備政策意涵的部分也有被人參考的傾向。不過這些各自具有政策意涵的論述，是透過《作為生命體的國家》（一九一六年／一九一七年）等著作來展開的，是一連串依循國家有機論這種理論看法之論述。

這樣可以看出，契倫原本提倡的「地緣政治學」，和今日我們一般理解的「地緣政治學」，其實在內容上迥然相異。不只如此，它的概念結構，是為了提倡十九世紀德意志國家法學昌盛時代下特有的國家有機論而存在。將黑格爾以降、把民族國家當成一個有機生命體的思維，附加上各個國家對應特定地理的大地，讓國家有機論更進一步發展，這就是原本契倫提出「地緣政治學／Geopolitik」的用意。

與德意志國家有機論對抗的英美立憲主義

國家有機論是「地緣政治學」誕生的背景，這套理論其實是十九世紀到二十世紀前半興盛的特殊思想產物；對於這件事，在此我想再稍加確認。國家有機論，一方面受到德意志國家法學等的影響力，一方面又和帝國主義時代的社會達爾文主義思潮重疊，於是在整個十九世紀中，這種學說急速在歐洲知識分子階層間擴展開來。但是，也有些文化圈對這種思想傾向抱有懷疑，其代表就是英美的思想世界。

首先，同時代英國人對這種論點就無法接受。單從法國大革命的國民主權論來看，英國人就更重視經驗主義，討厭用抽象理念變革現實的政治運動；至於，自黑格爾以降在德意志興盛、把國民全體當成一個有機生命體的政治哲學，在他們看來也太過思辨，無法接受。十七世紀的英國革命，是根植於洛克的社會契約論這種政治思想，並以限制主權者的立憲主義體制為趨向，但絕非主張全體國民都是主權者。英國人深感自豪的是擁護個人權利的自由主義社會，以及使他們達成三權分立與限制國王主權的立憲主義傳統。

據十八世紀英國法學家布萊克斯通（William Blackstone）所言，國王、貴族院（上

戰爭的根源：兩種地緣政治學的對峙與交鋒　32

議院)、平民院(下議院)三者是共享主權,絕對無法單獨成為排他的主權者;只有三者互相結合,也就是只有在處於英國憲法架構中,才會構成主權。布萊克斯通又說:「社會的主要目的,是保障個人能夠享受自然法賦予其之絕對權利。」這種擺脫絕對王政、英國式的立憲主義國家制度,對布萊克斯通而言,正是大英帝國榮耀的淵源。

北美大陸的美國人熟稔、親近英國政治思想,之後也達成獨立。他們在德意志的國家有機論興盛之前,便已確立了基於「分割主權」(Divided Sovereignty)思維,以及三權分立原理的合眾國憲法及其國家制度。在美國,主權必須透過憲法規範加以限制,擁護個人權利的立憲主義才更為重要。故此,主權必須透過憲法規範加以限制,由聯邦政府與州政府分割行使。本來在合眾國裡,即使是人民也是同時存在於州和聯邦兩方的,其制度前提則是,在一個憲法體制下人民相異的地位要同時並存。

當合眾國憲法起草之際,竭力爭取各州批准的漢彌爾頓與麥迪遜,提到了「主權分割」這個術語。合眾國憲法制定後,最高法院採取的立場則是「合眾國只有在已放棄政府所有權力方面,為主權者;聯合各國(州),只有在已保持的所有權利方面,為主權者」,其將分割主權論納為正統的法律教條。第六任總統約翰・昆西・亞當斯也主張,政府無論在什麼情況下都必須是作為絕對權力的主權存在的這種教條,在美國並不

適用；也就是說，絕對權力並非構成主權概念本質的事物。

十九世紀被視為美國首席權威的最高法院法官約瑟夫·斯多利（Joseph Story），在一八三三年合眾國憲法的註解書中斷言，作為所謂「至高、絕對、不可制衡之權力」的主權，在合眾國並不存在。

據斯多利所言：「國家（the State）——雖然就這點而言，我們是構成國家的人民——或將其主權權力分割成各式各樣的機能，而其各自，於特定的意義下，在各自被限定的權力方面，是為主權者；至於在其他場合，則是從屬者。嚴格來說，在我們的共和制政府下，國家（the Nation）的絕對主權，是存在於國家的人民之中；至於各國（州）的殘餘主權，若未在某種公共機能下獲得委任，則存在於各國（州）人民之中。」

對美國人而言，合眾國憲法不是國家普遍意志之表現，並非德意志國家法學所重視的那樣具備有機性、一體性；合眾國憲法是立憲主義信念的表現，其顯示人民即使身為主權者，依然必須服從「法律支配」。

但就連在英國，於邁入二十世紀的時候，也終於爆發了法律爭論，探討國家是否應該被認定為一個法人。在這之前，英國都認為國家這樣的法人並不存在，一切都是（在議會限制下的）國王／女王的行為。在美國，自南北戰爭以降，人們對於可能會導致聯

邦制瓦解的分割主權論之政治含意，警戒心也開始高漲；而把合眾國全體視為「統一的國民整體」，這樣的主張則日益強烈。

學術世界內，起源於德意志的國家有機論興盛，以及歐洲各國基於社會達爾文主義的帝國主義擴張，這兩者迎來全盛時期的國際政治現實，即是英美思潮變化的背景。

但即使如此，這也並沒有讓英美的思想傳統徹底受德意志國家有機論所席捲。不只如此，第一次世界大戰這種世界觀的對決，在英美陣營勝利之際，國際社會的秩序反而被英美的立憲主義思維給刷新了一遍。英美的傳統立憲主義思潮，並沒有完全被德意志的國家有機論所吞沒。

非地緣政治學的地緣政治學觀點

今日一般提到地緣政治學，都會舉出其代表者之名，哈爾福德・麥金德。麥金德在一九〇四年提出了地緣政治學最先驅的論著，即廣為人知的〈歷史的地理樞紐〉一文。麥金德的業績與其影響，也是我這本書在地緣政治學看法的相關討論中最為關切的。

但是，令人驚訝的是，原本的地緣政治學概念，是在和麥金德之說完全相異的內容、

35　第一部　地緣政治學是什麼？

麥金德完全不曾觸及的傳統中誕生出來的。不只如此，還有一件重要的史實，那就是麥金德自己從來不曾用「地緣政治學」這個詞彙來描述自己的工作。相反地，麥金德自己很忌諱、且討厭同時代契倫所繼承的德意志國家有機論。換言之，地緣政治學不是麥金德的用語，反倒是他忌諱的思潮的產物。

麥金德的注意力，徹底放在地形形狀與河川位置等地理條件上。然後，透過這種對地理條件的精細查核，他引進了「海權」（sea power，海洋國家）與「陸權」（land power，大陸國家）的概念區分。在麥金德的討論下，不存在所謂的「一般國家學」。在麥金德的議論，完完全全只存在著具體的地理條件，以及受此制約而具備具體特質的具體人類群體。麥金德是地緣政治學的始祖，卻和原本的「地緣政治學」之間有著尖銳對立。

思考過這種狀況後，我們心中應該會浮現一個非常單純的疑問——到底我們認為是地緣政治學的東西，真的是地緣政治學嗎？搞不好我們認為是地緣政治學的東西，其實是和地緣政治學完全不同的事物？地緣政治學，到底是不是真的擁有某種一貫性體系的觀點？

這些都是相當深刻的疑問。這並不只是修辭學或用詞上的問題，而是我們關於地緣

戰爭的根源：兩種地緣政治學的對峙與交鋒　36

政治學的理解本身，最根本的疑問。如果這樣的疑問驟然湧現，那關於地緣政治學的討論，當然就會看起來時而曖昧模糊，時而一片混亂。事實上，我們對於到底什麼是地緣政治學，並沒有一個共通的理解。

以麥金德為中心的當代地緣政治學，是當代政策論的根本看法；這和原本起源於德意志的國家有機論，所謂「Geopolitik」的地緣政治學是有區別的。不過，本書還是把原本的「地緣政治學／Geopolitik」，和麥金德以降主要興盛於英美的地緣政治學，雙方的視角都接受並存。兩種相異的地緣政治學，雖然可以看到結構上的對立，但到現今都仍存在著。甚至可以說，依循兩種相異地緣政治學來看國際情勢，正可以掌握到當代世界結構上的對立。

37　第一部　地緣政治學是什麼？

第二章 地緣政治學理論的對立構圖——麥金德與豪斯霍弗

在本章中，分別代表英美系統地緣政治學與大陸系統地緣政治學登場的，是麥金德與豪斯霍弗；我們將關注這兩位二十世紀初期的理論家，並以此來詳述本書基本的鳥瞰圖。

要說英美系統地緣政治學與大陸系統地緣政治學的骨幹，只透過這兩人就能加以解釋，這一點都不為過。一八六一年出生的麥金德，與一八六九年出生的豪斯霍弗，基本上屬於同一世代；他們目睹過十九世紀的歐洲大國政治，之後便展開學術活動，意圖建構一套理論，又在晚年目擊了兩次世界大戰的爆發。兩人的理論基礎是十九世紀的國際政治，但他們也都受到兩次世界大戰的重大衝擊，從而著手修正自己的理論。

在本章中，我一方面將著眼於麥金德與豪斯霍弗，另一方面也會闡明本書所稱的「兩種地緣政治學」，其究竟在世界觀上有多麼迥異。然後我將會指出，這項事實和現

實的國際政治紛爭架構，其實也有很大的關連。

麥金德的登場

麥金德在一九〇四年發表的論文〈歷史的地理樞紐〉，是地緣政治學史上光輝燦爛的金字塔。我們可以說，正是從這篇論文開始，才展開了一直延續到今天的地緣政治學相關討論。本書的地緣政治學視角架構，也是奠立在重視麥金德論文的基礎上。

麥金德是位地理學者。在日本，即便到高中為止的學校教育科目中都有地理，但我們可能有時候會感覺不太到地理學是一門學術領域。在十九世紀末的英國也是如此。因此這時候，皇家地理學會（the Royal Geographical Society）為了讓地理學在英國的大學裡成為正規講座而不停奔走，才終於盼到了牛津大學地理學院的第一位院長，這位院長就是麥金德。

〈歷史的地理樞紐〉是麥金德以他在皇家地理學會的演講為基礎，之後公開發表的論文。比起地緣政治學之類事物，麥金德毫無疑問更熱愛地理學；今天我們理解成「地緣政治學」的東西，對麥金德而言只是地理學這個學術領域中豐富的可能性之一而已。

麥金德在〈歷史的地理樞紐〉論文發表的前一年（一九〇三年），就任倫敦政經學院（the London School of Economics and Political Science，LSE）的院長，之後的二十年，他一直在LSE傳授地理學。即使到現在，LSE依然存在著地理系，這也一點都不意外。

麥金德的所有著作，幾乎都是地理學的研究。包括《不列顛與不列顛的海洋》（一九〇二年）、《萊茵河：溪谷與歷史》（一九〇八年）、《印度八講》（一九一〇年）等，從這些公開發表的作品看他的治學態度，實在感覺不出其中有用我們關心的地緣政治學視角，來正面討論國際情勢的意圖。

但是，麥金德其實從年少時期開始，就對國際政治情勢抱持強烈的關心，因此他自然而然地會在地理學的討論中，摻入平常地理學不會參考的國際政治情勢觀點。至少在最初的時候，或者在學術活動範圍內，麥金德自己只是在展現地理學可能性的意圖下，嘗試從地理觀點出發，對國際政治情勢進行分析；可是看到這點的人們，或者後世的眾人，一提起麥金德，就會忍不住浮現出他是「將地理學與國際政治分析加以融合的人物」這種認知，而麥金德也被認為是地緣政治學的代表。

在一九〇四年的〈歷史的地理樞紐〉中，存在著不少記述會讓人感覺那是受到當年

戰爭的根源：兩種地緣政治學的對峙與交鋒　40

二月爆發的日俄戰爭所觸發的（演講是在那年一月舉行，但論文發表是在四月）。整個十九世紀，俄羅斯都是和英國進行「大博弈」（The Great Game）的對手；其時英國打破「光榮孤立」，斷然與日本締結英日同盟，而俄羅斯則與日本這個英國的盟友開戰。麥金德對這場戰事，抱持著強烈的關心，這和他寫下這篇跳脫傳統地理學框架的〈歷史的地理樞紐〉應該也有密切關係。

就是如此，在和英國有密切關連的大戰爆發之際，麥金德著眼於國際情勢分析而寫下他的論著。雖然這很明顯地超出麥金德本來的治學活動，但他在時勢緊迫的動機之下，還是忍不住寫了這篇文章。

麥金德沒有把自己的工作稱為地緣政治學，也拒絕稱自己為地緣政治學者，這和他的實際治學態度，是相當一致的。

今天我們稱為地緣政治學的東西，是在麥金德的天才之下誕生的產物。但是，它原本也只是麥金德感受到了一股魅力，來自於洞察地理條件致使的結構性要素之傾向，最終才成立的。與其說，麥金德地緣政治學的影響力，是出自麥金德本人，不如說，是透過他所留下的片段視角，其洞察之深刻，才使然的。

歷史的地理樞紐

在一九○四年的論文〈歷史的地理樞紐〉中，麥金德的洞察充滿魅力，不僅僅是對地理條件進行了詳細而深刻的說明而已；他的洞察中最首要的，就是提到在歐亞大陸的中央，有一塊稱為「心臟地帶」的特別區域。

「心臟地帶」的特殊性在於，它的背後倚靠著北極這塊無人地域；換言之，心臟地帶實際上不用擔心來自北方的侵略威脅。這是位於心臟地帶的政治共同體占了極大優勢的先天地理條件。

可是，心臟地帶也有加諸其上的不利地理條件，那就是沒有通往大洋的河川。這個特徵堪稱是其弱點，換言之，心臟地帶無法和大海取得聯繫。而與心臟地帶接壤並面向大海的陸地部分，不管是通往大西洋的波羅的海沿岸，還是太平洋沿岸，其氣候條件都是一到冬天，氣溫就會降到零度以下。換言之，即使在這些地區建設港口，每到冬季還是會凍結而無法使用。也正因此，心臟地帶的港口在一年當中，有相當長的一段時間都無法和大海聯繫。

像這樣，沒有大河也不具備不凍港的心臟地帶，被封閉在歐亞大陸的內陸深處。對

戰爭的根源：兩種地緣政治學的對峙與交鋒　42

麥金德的世界觀

出自："The Geographical Pivot of History"

位在心臟地帶所具備的特殊地理條件的這份洞察，使得麥金德無疑成為了地緣政治學理論的代表性人物，並廣為後世所知。

位在心臟地帶的政治共同體，自然而然就具有一股強烈衝動，會善用特殊地理條件，甚或加以克服。故此，如果這類心臟地帶國家成功強化了軍事力量，就一定會採取南進擴張政策。從大陸內陸深處往外膨脹的心臟地帶國家，其政策會對歐亞大陸全境產生影響。也就是說，他們會對歐亞大陸的政治情勢，乃至於世界整體的情勢，帶來強烈的刺激與變化。此一心臟地帶，亦即俄羅斯，其南進政策，正是「歷史的地理樞紐」，亦即透過最基本的地理情事推動了歷史。

麥金德另一個天才之處，是發覺到陸權，及與之相對的海權概念。

以大陸中央心臟地帶為典型、具備大陸要素的國家，會具備陸權的特徵。而不屬於大陸的島嶼群，則擁有和陸權截然相反的地理條件。政治共同體若存在於四周環海的島嶼上，會因為具有和大陸國家截然相反的地理條件，因而其行動之傾向會與陸權完全相異。麥金德定義為海權的島嶼國家群，不會採取向大陸膨脹的政策；畢竟他們已經能和大海接觸，即使要透過貿易尋求利益，也沒必要向大陸深處伸展政治勢力。只是，如果心臟地帶的陸權膨脹趨於完成，並阻斷海權對大陸的接觸，那對海權而言仍是重大的威脅。因此海權在歷史法則上，幾乎都會傾向於對陸權擴張主義的膨脹，採取封鎖的政策。

海權群體會對陸權霸主俄羅斯的膨脹主義進行封鎖；這種幾近必然的陸權與海權之行動傾向，不用說，正是強烈意識到整個十九世紀裡英俄間大博弈架構的產物。至於遠東發生的日俄戰爭對麥金德的啟發，則是讓他從地理條件來解釋英日同盟屬海權國，故其封鎖陸權膨脹的動機是共通的。英日同盟的合理性，從「歷史的地理樞紐」這個觀點來看，相當說得通。

展現出麥金德天才的第三個點，是他將心臟地帶、陸權、海權用能夠概念化的視角加以貫串，並且也描繪出一個鳥瞰圖，以全世界構成一個完整體系。

戰爭的根源：兩種地緣政治學的對峙與交鋒　44

歐亞大陸外緣那些有別於心臟地帶的部分，稱為「內新月地帶」（inner crescent）；至於其外側的島嶼地區，則是「外新月地帶」（outer crescent）。這片外新月地帶，正是由英、日、美、加、澳等有力海權國家群所構成，開拓海上交通路線的地區。海權不容易被陸權所壓制，反過來說，陸權也不會那麼簡單屈從於海權。只是位在兩者中間的「內新月」地帶，因為承受雙方壓力，所以有遭到擺布的傾向。

據麥金德的說法，位在「內新月」的印度半島、朝鮮半島等半島部分被稱為「橋頭堡」（Bridge Head），是很重要的地區。海權各國會非常重視確保自己能接觸到這些從大陸突出的橋頭堡；之所以如此，是因為控制了橋頭堡、確保和大陸的接觸，就能夠有效牽制陸權的膨脹。但從陸權角度來看，如果他們能掌控住橋頭堡，那就能擋掉海權和大陸的接觸。就這樣，具備橋頭堡性質的半島周圍，因為帶有成為歷史的地理樞紐的傾向，所以會成為陸權與海權激烈交鋒的地區。

心臟地帶、陸權、海權、內新月、外新月、橋頭堡等這一整套概念的設定，催生了「歷史的地理樞紐」之想法，而以此為起點，進而能得到一幅有體系的世界整體鳥瞰圖；直到今天仍然有很多人深信，這幅鳥瞰圖在我們洞察國際政治整體動態的傾向之際，會成為最重要且最基本的視角。麥金德的地緣政治學理論，正是這樣一幅鳥瞰圖。

45　第二章　地緣政治學理論的對立構圖──麥金德與豪斯霍弗

豪斯霍弗的地緣政治學理論

麥金德自己究竟打算把這幅鳥瞰圖衍伸到什麼程度，甚或是否想加以一般理論化，關於這點，其實並不是那麼清楚。但不論如何，看到這幅圖像的同時乃至後世眾人，都把它當成分析國際情勢時必須留意的基本看法，大加重視。也就在這種狀況下，冠上麥金德之名、有系統性的地緣政治學理論，遂於焉誕生。

既然麥金德沒有把自己的理論觀點稱為「地緣政治學」，那到底是誰開始把他的研究冠上這種名號的呢？

答案是當時擔任慕尼黑大學地理學教授的豪斯霍弗。豪斯霍弗是把「地緣政治學」正式當成一門學術領域來對待的人物。於此之際，他遂不得不強烈意識到麥金德的存在。也正因此，豪斯霍弗把麥金德當成跟自己一樣，是在地緣政治學這個學術領域活躍的人物。日本也有很多論者仿效豪斯霍弗，依循德意志地緣政治學的傳統來理解麥金德。

但實際上，豪斯霍弗的理論與麥金德的理論有相當大的差異。豪斯霍弗所繼承的，

戰爭的根源：兩種地緣政治學的對峙與交鋒　46

是從拉采爾到契倫一脈相傳的德意志地緣政治學。

就像前面看到的，麥金德的論述，並不具備國家有機論這類德意志思想的特徵。豪斯霍弗的意圖是，把麥金德這位在英國獲得盛名的地理學者拉到「地緣政治學」的領域裡一決勝負，然後將其壓倒。這種態度和二十世紀前半德國對英美兩國兩度進行軍事挑戰的態度，其實是重合的。

豪斯霍弗以軍人身分開始職業生涯，在第一次世界大戰期間，他曾在西線擔任砲兵團長。在戰間期的時代，他在大學獲得一份教職講述政策論，同時也親近納粹，躋身德國的政策智庫，但在二戰結束後，他被認為有戰犯嫌疑，所以最後選擇了自殺。以歷史上的正統來說，儘管他堪稱是「Geopolitik 式地緣政治學」最具體系的代表性人物，但因為他的學術內容和生涯都太過「德意志」，所以在地緣政治學的歷史中，人們對他經常諱莫如深。

我們或許不應過度強調豪斯霍弗與納粹的關聯，畢竟他娶了猶太裔的妻子，看不出有反猶太的思想。雖然他非常熱中於奔走在日德兩國之間、提倡德日締結同盟，但他絕非希望德國和英、蘇對立。

豪斯霍弗和希特勒之所以會有深厚交情，是因為他在慕尼黑大學的學生魯道夫・赫

47　第二章　地緣政治學理論的對立構圖——麥金德與豪斯霍弗

斯介紹所致；但豪斯霍弗和希特勒的關係，也和赫斯與希特勒的關係走上了同一條路。

赫斯是納粹黨的創黨黨員，也是負責為希特勒《我的奮鬥》進行口述筆記的人物。在希特勒的「生存空間」（Lebensraum）思想中，可以看到豪斯霍弗的影響。本來，生存空間就是豪斯霍弗的用語，也是他傳授給希特勒的概念。

赫斯想和英國談和，在一九四一年的戰爭期間隻身前往英國，而被希特勒視為背叛者，值此事件爆發之際，豪斯霍弗曾經祕密鼓勵過赫斯。比任何人都感嘆德國與英蘇兩國進入交戰關係的，也是豪斯霍弗。不只如此，在一九四四年，豪斯霍弗的兒子因為有參與暗殺希特勒計畫之嫌而遭逮捕，隔年被處死。晚年的豪斯霍弗，陷於失意的深淵當中。

在豪斯霍弗與希特勒上述這樣歷經波折的關係中，生存空間這個希特勒所熱愛的概念變得日益重要。縱然希特勒的生存空間概念只是將軍事擴張主義正當化的工具，然而，這種將民族的有機實在性與地理的領域性組合起來理解的思想，正是從拉采爾、契倫，到豪斯霍弗的這脈正統相傳下來的「Geopolitik 式的地緣政治學」之核心。

德意志民族雖是歐洲最大的民族群體，但長期以來並不具備足已確立統一政治共同體所需的固有土地。對德意志人而言，讓民族與土地相一致的渴望，與其身為德意志人

戰爭的根源：兩種地緣政治學的對峙與交鋒　48

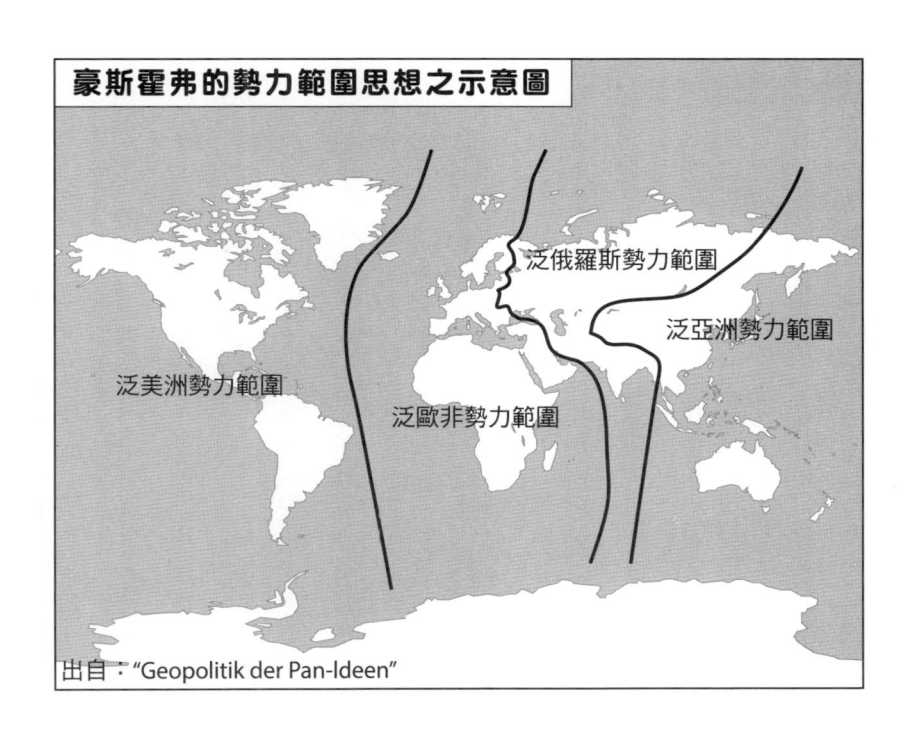

豪斯霍弗的勢力範圍思想之示意圖

泛俄羅斯勢力範圍

泛亞洲勢力範圍

泛美洲勢力範圍

泛歐非勢力範圍

出自：" Geopolitik der Pan-Ideen "

的精神本身有著深切關聯。將這種德意志思想用理論加以解釋的「地緣政治學」，正因為其充滿德意志式的風格，所以希特勒才會力陳這套學說。

豪斯霍弗所討論的「生存空間」，是透過「勢力圈」所形成的各地區的「大空間」；這套理論性看法，具備大陸系統地緣政治學的特徵。一般在日語文獻與英語圈中，都將這套用來指涉廣域地區的概念，以「泛區域（Pan-region）理論」來加以說明。而這個詞彙的德文原文〈Geopolitik der Pan-Ideen〉，是來自一九三一年的論文，直譯也

就是「泛理念的地緣政治學」，這清楚表示了豪斯霍弗的關心所在。在大陸系統地緣政治學中，「空間」（Raum）的概念相當重要，日語通常將之譯為「圈」。特定的「空間」和特定的有機國家結合後，就會出現這樣用「泛」字來表示的領域，其地理上的範圍比「空間」要來得更為廣泛。

豪斯霍弗稱這種超越既存「空間」的領域為「泛理念」（Pan-Ideen），以此來掌握廣域地區的某種理念型態。本書中會將此稱作「勢力範圍」思想，注意其大陸系統地緣政治學的特徵。

在豪斯霍弗的看法中，蘇聯在占據霸權地位的歐亞大陸內陸地帶擁有生存空間，西太平洋－東亞則是由日本君臨天下；至於美國，不用說，是西半球世界的霸權國。如果德意志確立了生存空間，那歐洲就會是德意志君臨全土。一如契倫的思想是以適者生存的社會進化論貫串其中，豪斯霍弗則是認可強國統治各地區的大空間。

民族國家若是活生生的實體，那當然會想獲得並維持自己生存所需的土地。若是眾多民族間發生相互角力的關係，那強勢的民族君臨統治，也是自然的常理。只是，若由單一民族支配整個世界，這樣的狀態則違反了自然天理，從地緣政治學式的洞察中不會導出這種結論。也正因此，作為各大空間盟主的民族，應該互相尊重彼此的生存空間。

戰爭的根源：兩種地緣政治學的對峙與交鋒　50

如果能夠彼此圓融、相互尊重，那國際情勢就能安定，也能避免毀滅。

豪斯霍弗的這套地緣政治學理論，會強烈吸引為大東亞共榮圈構想傾倒的日本人，自是理所當然。豪斯霍弗是日德同盟的熱心推動者，戰前的日本把他看成地緣政治學的代表性理論家，也是自然之事。

英美系統與大陸系統地緣政治學的對峙

德意志的豪斯霍弗理論和英國的麥金德理論，在世界觀的層面上，有著尖銳的對立。

按照麥金德的理論，「歷史的地理樞紐」會出現在必然採取膨脹政策的心臟地帶陸權當中；而環繞「樞紐」的海權，則必然會採取封鎖政策，歷史就是以此展開。在麥金德理論中，世界是二元的；陸權與海權的世界，是由膨脹主義與封鎖勢力交織而成的二元世界。這兩者也可以表現為「改變現狀的勢力」與「維持現狀的勢力」，又或者可以說是領土擴張主義的勢力，與重視網絡的勢力。

相對於此，豪斯霍弗的理論則是認為，各地區強者透過自身影響力構成的勢力範圍

畫分了這個世界，故而世界具有多元性。在這個世界中，哪個民族國家擁有保持自己「生存空間」的實力？配合這種實力的「生存空間」應該拓展到多大範圍？為數眾多的「生存空間」的霸權勢力，彼此的關係該如何維持？上述各個問題，才是重點之所在。各個「生存空間」的霸權勢力，要相互認可彼此「生存空間」的存在，因這攸關於安定性。當各個「生存空間」的霸權勢力，企圖侵害其他「生存空間」的時候，這個勢力就是擾亂秩序者。

不用說，麥金德的理論既和英美圈的思想傳統吻合，也合乎他們的政治利益。從海權群體來看，將不斷想改變現狀的擴張主義給封鎖起來，正符合本國的利益。故此，平時就得要將他們自己所屬網絡的普世主義立場加以正當化並長久維持，這很重要。高唱海洋自由與自由貿易原則的海權群體，會更進一步提倡領土不可侵犯與禁止行使武力的原則，並且，維持國際秩序有助於維持現狀，他們也會在其中發現到自己的利益。這就是從麥金德理論推導出的、合乎邏輯的推論。

相對於此，豪斯霍弗理論，則是吻合於以德意志為代表的大陸各國思想傳統，也合乎他們的政治利益。豪斯霍弗所重視的，是在各地區秩序下掌握霸權力量的民族國家，而他們則會在確立自己生存空間的過程當中發現利益。為了維持生存空間，在廣域地區內展開霸權主義行動，同時尊重其他大國的生存空間，就變得很重要。分化成多元且為

戰爭的根源：兩種地緣政治學的對峙與交鋒　52

數眾多大空間的世界，是透過相互承認彼此生存空間所成立的世界。這就是豪斯霍弗的「泛理念」理論所導出、合乎邏輯的推論。

就像這樣，英美系統地緣政治學與大陸系統地緣政治學，在根源的世界觀部分完全相異。它們在作為理論依據的、對世界的觀點上，有著決定性的歧異。故此，從它們各自的理論見解看來認為妥當的政策，也會有重大的差異。

麥金德的地緣政治學，描繪出因地理條件所構成的結構性要素，以及其如何催生出兩種政治共同群體間的糾葛，除此之外，也展示了依循海權群體網絡所擁有的普世主義世界觀所產生的政策，是怎樣一回事。豪斯霍弗的地緣政治學，不只是洞察到特定民族與特定領土間的有機結合，也辨認出擁有強大力量的政治共同群體的生存空間存在。從這裡，它又進一步呈現了由眾多生存空間的相互關係交織而成的多元主義世界觀，以及依循這種世界觀所推動的政策方向。

兩種相異的地緣政治學南轅北轍，圍繞著其根源世界觀兩相背道而馳。不只如此，這兩種理論都深信自己是在洞悉客觀地理條件之後才推導出的，卻也同樣是背道而馳。

本書並非要填補這兩者間的鴻溝，畢竟那差異實在太過深刻。相反地，本書的首要之務，是要描繪出這種深刻的鴻溝在智性討論以及現實政治中，產生出了怎樣的糾葛。唯有經

53　第二章　地緣政治學理論的對立構圖──麥金德與豪斯霍弗

過這樣子的分析工作,才能站在本書所預設的日本讀者立場上,就政策意涵進行討論。

第三章 對立的地緣政治學理論發展——斯皮克曼與施密特

英美系統與大陸系統地緣政治學的糾葛，從二十世紀初期豪斯霍弗把麥金德拉進地緣政治學領域並加以參考的時候就已開始。我們可以說，這是在第一次世界大戰爆發的歐洲，地緣政治學視角獲得大量關注的情況下才產生的現象。

只是，若要讓地緣政治學視角更進一步發展，就必須引進美國的視角。美國作為世界最強的國家，對第一次世界大戰的走向有著決定性的影響，接著更透過第二次世界大戰，鞏固了世界霸權的地位；故此，美國對地緣政治學視角的擴展，具有重要意義。地緣政治學視角能引進美國，他就扮演了在本章中，我們會看到斯皮克曼的討論。重要的角色。

另一方面，世界上也有許多思想家，對美國推動的國際秩序抱持異議。在第一次世界大戰中成為敗戰國、積極尋求平反機會的德國，就有不少思想家對於英美主導下所創

55　第三章　對立的地緣政治學理論發展——斯皮克曼與施密特

造的一戰後國際秩序,提出了根本上的批判。

本章舉出的,是這些思想家中的代表人物,施密特不會把他當成地緣政治學理論家來參照,但他的許多著作,其實明顯和豪斯霍弗的大陸系地緣政治學有親近性。

斯皮克曼地緣政治學理論的普世主義

在二戰中的美國,斯皮克曼將麥金德理論加以修正,讓地緣政治學理論得以發展。斯皮克曼繼承了麥金德地緣政治學理論的基本概念框架——海權與陸權,但同時也對麥金德理論的歐洲中心主義性格加以修正。

在美國,其實早在十九世紀末時,就已有馬漢(Alfred Thayer Mahan)用海戰的史實,對海權力量進行精緻分析的討論傳統。美國人透過馬漢的《海權論》(一八九〇年),已經強烈認知到海權,也就是海軍力量的整飭,乃是本國最重要的課題。

據馬漢所言,海權是依據地理位置、自然型態、人口、國民特質、政府性質等要素而定。他有一個著名的論調:這世界上沒有能夠控制海洋、同時又掌握大陸,也就是兼

戰爭的根源:兩種地緣政治學的對峙與交鋒 56

顧陸海的強權。馬漢走在麥金德前面，在美國首先畫分出陸權與海權的概念。不只如此，和著眼於「心臟地帶」的麥金德相異，馬漢的討論則澈澈底底聚焦在海權上。

麥金德在一戰結束時發表的《民主的理想與現實》中，留下這樣一段有名的話：「控制東歐就控制了心臟地帶，控制心臟地帶就能控制世界島，控制世界島就能控制世界。」

他之所以這樣說，不只是因為一戰在東歐展開了大規模戰爭，即東線戰場，也是因為戰後處置的過程中，東歐的地區秩序變成重要問題。麥金德鳥瞰一戰的對立架構，提出了這樣的洞察：如果德國霸權擴展到東歐全境，那就算是心臟地帶國家俄羅斯，也必須屈服於德國的霸權，如此一來德國就能掌握歐洲全境，而其他國家也無法牽制德國的勢力；在這種情況下，德國就控制了世界島（麥金德自己創造的詞彙，意指包含歐亞非大陸的地區），也就等同於控制了整個世界。第一次世界大戰就是海權陣營聯手打破德國野心的戰爭。

我們可以評價麥金德的這份洞察簡明地表達了一戰的本質，也為後人在分析歐洲地區情勢乃至世界規模國際情勢的時候，提供了很大的啟發。只是，「控制東歐就控制了整個世界」，這樣的命題不管怎麼說，都太歐洲中心主義了。畢竟，正是因為他把歐洲看成「世界最重要的地區」這個大前提，才會推導出「東歐擁有廣大平原，而這平原又

57　第三章　對立的地緣政治學理論發展──斯皮克曼與施密特

位於與心臟地帶的接合部分，故而是世界上最重要地區」這樣的洞察。

但如果把歐洲的重要性相對化，把前提改為「在歐洲以外也有同樣重要的地區」，那麼，會對世界島走向產生影響的地區，除了東歐以外其實還有很多。

特別是，若把美國定位成世上最強的國家，那麼就有必要加入美國視角，重新定位正統歐洲的重要性。麥金德的討論，讓已經深受馬漢理論薰陶的美國人為之傾倒，卻也與此同時有其侷限。因此，美國人在接受麥金德世界觀大架構的同時，也試著修正他的歐洲中心主義視角。

斯皮克曼就洞察到，麥金德理論中稱為「內新月地帶」的走向，其實對整體而言相當重要。這個地區雖然包含了東歐，但絕非只有東歐而已。

斯皮克曼將廣及歐亞大陸外緣全境的區域，稱為「邊緣地帶」（Rimland）。他在修正麥金德歐洲中心主義的企圖下，提出這一洞察：世界島的命運，其實是由邊緣地帶的趨勢所決定。這是因為，邊緣地帶正是陸地國家與海上國家激烈交鋒的地區，故交鋒的結果會對雙方勢力的擴張或減退，產生重大的影響。

在斯皮克曼活躍的一九四〇年代之前，美國基本上是採「門羅主義」（Monroe Doctrine）的外交政策架構。關於門羅主義，日本的教科書將之解釋成一種孤立主義，

戰爭的根源：兩種地緣政治學的對峙與交鋒　58

海洋國家與大陸國家的紛爭

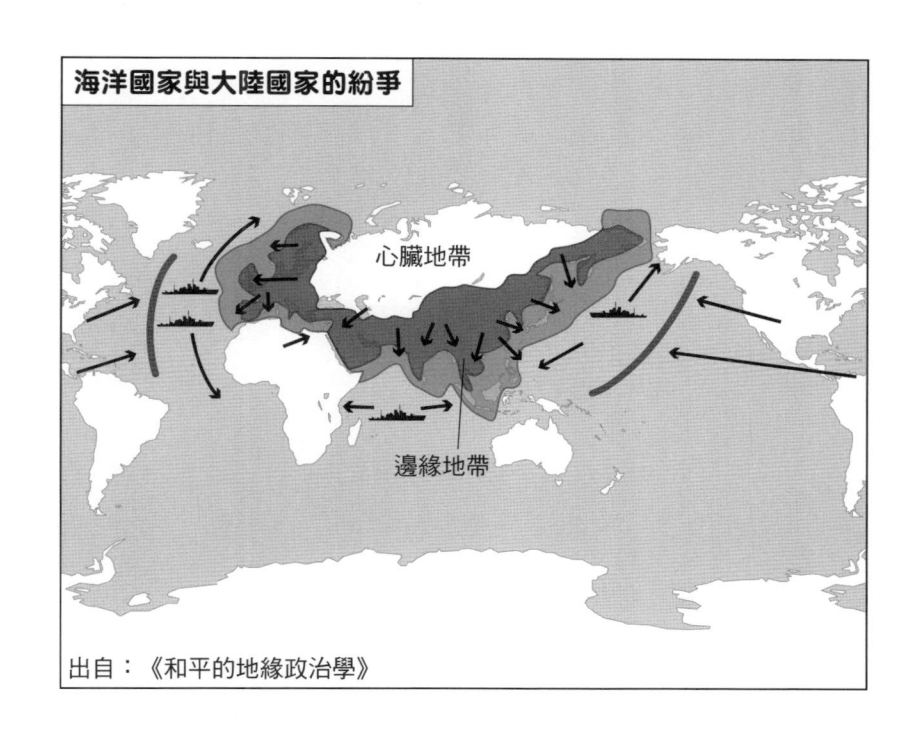

心臟地帶

邊緣地帶

出自：《和平的地緣政治學》

但就學術上正確來說，它其實是一種基於迴避相互糾結（Non-Entanglement）原則，表現地區性國際秩序的理念。

如果以麥金德理論來解釋門羅主義，那就是一種歐亞大陸外圍的海權國家共同防衛的結構；它所具備的性格，是西半球世界的共和體制國家，對歐洲帝國主義各國的膨脹進行的共同封鎖。在這裡可以看到一種二元論視角，是基於美國擁有得天獨厚的「上帝恩寵」與「昭昭天命」，進而把世界畫分成「新世界」與「舊世界」來理解。

但若是按照豪斯霍弗的理論，

第三章 對立的地緣政治學理論發展——斯皮克曼與施密特

則門羅主義不過是把美國的生存空間，也就是勢力圈加以正當化的原理罷了。在把世界分成好幾個生存空間、進行多元理解的時候，將西半球世界視為美國主宰的一個生存空間，這樣的原理就是門羅主義。

可是隨著珍珠港奇襲，美國在現實上面臨到新的威脅，從而在西太平洋與歐洲兩面都展開大規模的戰爭；在這種狀況下，繼續墨守傳統的門羅主義，顯然已經行不通。因此在二戰後，美國將門羅主義的地理範圍加以擴大，在歐洲與西太平洋地區兩邊，建立起強力的軍事同盟網絡。即使是一九四五年後，美國依然遵循著二元的世界觀，來推動其外交政策。

在過去，門羅主義是美國的最大象徵，但是今日，以美國為中心展開的聯合海權架構，卻並不限定於西半球世界這個地理範圍，而是按照《聯合國憲章》中規定的「集體自衛權」這項國際法原則，擴大到了世界性的規模。斯皮克曼地緣政治學所展現的，就是美國透過延伸到歐洲與西太平洋的同盟制度，掌握嶄新地理版圖的當代二元世界觀。

門羅主義這個十九世紀以來美國外交政策的基本原則，因為主旨是要迴避歐洲與西半球世界的「相互糾結關係」，所以嚴格來說並非孤立主義。只是，若單就歐洲和美國的關係來看，門羅主義確實是一種宣告美國隔絕於歐洲之外的準則。畢竟，「歐陸的戰

戰爭的根源：兩種地緣政治學的對峙與交鋒　60

爭與紛爭」，總是讓美國感到苦惱；「美國人期盼的自由與解放」，要在共和主義體制各國並存的「新世界」當中才能維持，但「舊世界」卻屢屢成為這種期盼的絆腳石。按照美國受上帝恩寵的「昭昭天命」論，西半球世界在謳歌自由的同時，也應該盡量不去介入歐洲骯髒的勢力均衡政治。

但說到底，美國真能在隔絕歐洲的情況下獨自生存嗎？既然美國已然邁入大國之林，那就不得不參與到超越西半球地區的各種大小事務中，不是嗎？這是在邁入二十世紀後成為凌駕歐洲帝國的大國美國，所有人心中共同的疑問。

威爾遜總統（Woodrow Wilson）就是清楚認知到美國不可能置身於爆發世界大戰的歐洲之外，所以才介入第一次世界大戰，並企圖在戰後國際秩序的建構中，扮演主導的角色。他想要的是透過擴大門羅主義的地理範圍，將歐洲涵蓋進其中，從而解決這個難局。但聯邦議會並沒有威爾遜這樣的決斷力，因此不允許美國加入國際聯盟。

而大日本帝國對珍珠港的攻擊，則讓徘徊不前的美國覺醒。在這起事件下，美國被強制拉進超越西半球世界的世界級紛爭架構當中，同時，也對傳統的問題——想要守護美國的權益，僅需要守住海的這一側就好？抑或是要積極參與大洋對面的事務？——正式做出了訣別。

61　第三章　對立的地緣政治學理論發展——斯皮克曼與施密特

簡單說,珍珠港事變以後的美國,採用的就是斯皮克曼所說的立場:美國的防衛第一線,就是維持歐亞勢力均衡。

斯皮克曼在這個歷史轉換的時代強調地緣政治學的視角,意圖以此為美國外交政策的討論做出貢獻。斯皮克曼這套重視邊緣地帶的理論,採取的正是「積極參與大洋對面的事務」、「美國的防衛第一線就是維持歐亞勢力均衡」的立場。

不過,以門羅主義為代表的傳統美國外交思想中,遠離「骯髒」歐洲「舊世界」的期盼,與依循「昭昭天命」,向西半球整個美洲大陸「新世界」擴張的期盼,兩者其實是交織在一起的。故此,從歐洲角度來看是孤立主義的這套論調,在西半球世界看來卻是干預主義。

這種狀況和二十世紀下半葉的美國外交政策,其實也是若合符節。冷戰時期的美國,在厭惡共產主義的同時,也企圖對自由主義陣營進行跨地區性的防禦。日本的美國外交史權威齋藤真就說,一九四七年以降的「杜魯門主義其實是門羅主義邏輯的延伸」。故此我們可以說它是一種「跨越地理限制、世界規模的門羅主義」。

這點從本書的主視角,也就是英美系統與大陸系統地緣政治學的糾葛來看,具有很重要的意義。

按照豪斯霍弗理論，美國在西半球世界，擁有以本國為盟主的生存空間。世界的安定，應該要透過美國管理好自己的生存空間、同時尊重其他生存空間，方能確立。但是，按照麥金德理論，美國是聯合海權的盟主，這種網絡雖然會因應時代而產生變化，但都是跨地區性質的存在。換言之，門羅主義從大陸系統地緣政治學來看，只是將生存空間加以正當化而已，但從英美系統地緣政治學來看，就是一種海權的普世主義網絡。

斯皮克曼在繼承麥金德理論的同時，也對二十世紀後半美國外交政策的理論基礎的奠定，有很重要的意義。他是第一位在理論上，為美國的外交政策——一邊與蘇聯的陸權對峙，一邊跨越西半球世界，以海權霸主身分拉起同盟國網絡——梳理出一套道理的人物。

在美國，十九世紀末已有馬漢針對海權力量發展出精緻的討論，並對美國在海權上的整軍經武，產生了很大的影響。但馬漢的討論所關注的問題，僅止於海權在歷史上擁有怎樣的力量；至於鳥瞰世界整體，進一步建構理論的地緣政治學視角，則是相當薄弱。

二十世紀美國的外交戰略，必須透過斯皮克曼的地緣政治學來解釋。而獲得世界最強國家美國實踐的斯皮克曼地緣政治學理論，在二十世紀下半葉的世界，也是君臨天

63　第三章　對立的地緣政治學理論發展——斯皮克曼與施密特

下、最為強勁有力的地緣政治學理論。

施密特的「大空間」地區主義

當我們回看一九四〇年代的二戰現實，斯皮克曼讓地緣政治學於美國發展起來，而同一時代的德國，則可以看到另一位理論家，卡爾・施密特的身影。

斯皮克曼生於一八九三年，施密特生於一八八八年，所以兩人算是同個世代，比起出生在一八六〇年代的麥金德與豪斯霍弗要晚了一代。這件事實的重要意義是，斯皮克曼和施密特兩人，都是在以學者身分確立自身理論定位之前，便目睹了一戰爆發導致十九世紀歐洲秩序的土崩瓦解；他們就是在這種情勢下，建構起自己的理論。

一般或許不會把施密特當成地緣政治學理論家來看待，但事實上，施密特從不缺少關於地緣政治學的議論，並很早就在法學和政治思想領域中留下了巨大的足跡。

施密特的《政治的浪漫派》（一九一九年）、《論專政：從現代主權思維的肇興到無產者的階級鬥爭》（一九二一年）、《政治神學》（一九二二年）、《當今議會制的思想史狀況》（一九二三年）等一連串著作，反映了德國這個特殊政治空間因一戰敗北

戰爭的根源：兩種地緣政治學的對峙與交鋒　64

與德意志帝國崩解而陷入癱瘓，其作為政治文化論，綻放出了醒目的影響力。

接下來的《帝國憲法第四十八條下的帝國總統專政》（一九二四年）、《政治的概念》（一九二七年）、《憲法學說》（一九二八年）、《合法性與正當性》（一九三二年）等這一連串直到納粹崛起為止的著作，也必須和當時眾多德國人對威瑪憲法體制懷抱不滿、渴望改變現狀的心情放在一起理解才行。

在將獨裁正當化的討論中，施密特扮演了擁護納粹的角色，實際上也擔任納粹的法律顧問。但在戰爭爆發後，他選擇和納粹保持距離，這點和豪斯霍弗頗為相似。

施密特在一九三八年的《霍布斯國家學說中的利維坦：一個政治符號的意義和失敗》中，就大陸國際法與海洋國際法進行了比對論述，並陸續提出了不少和地緣政治學理論接近的論述。

施密特在一九四〇年的《論斷與概念：在與威瑪、日內瓦、凡爾賽的鬥爭中（一九二三—一九三九）》、一九四二年的《陸地與海洋：世界史的考察》，明顯是受到二戰國際情勢觸發所寫下的作品。至於戰後一九五〇年發表的《大地之法》，則是施密特眼見納粹崩解、德國分裂的現實，進而對形成歐洲大陸特有地區秩序的國際公法秩序，進行深刻思考的作品。

65　第三章　對立的地緣政治學理論發展——斯皮克曼與施密特

施密特在以「陸與海」這個地緣政治學理論的核心命題為主軸展開討論的同時，明顯地對「大陸」有著移情作用。在這層意義上，施密特可以說是在德意志傳統中，編織出獨特地緣政治學理論的人物。

施密特的「大空間」（Großraum）概念，與希特勒「生存空間」思想相互共鳴，其也和形成德意志思想傳統、把國家視為有機存在的理解，是彼此相連結的。據施密特所言，作為「大地之法」、具有歷史意義的「歐洲公法」國際秩序，就是具有國家有機論特徵的大陸法政治思想。

相較於此，由英國與美國所代表、掌握在海權群體手上的「自由之海」國際秩序，相對於「歐洲公法」的秩序，則具有一種外部的性格。歐洲公法的秩序是連結大空間、屬於大陸國家群的地區性國際秩序，自由之海的秩序則是由海洋國家群主導，和普世主義相連的國際秩序。

按照施密特的說法，「陸」的秩序觀是用來解釋歐洲這類大空間存在的視角，「海」的秩序觀則是用來解釋位在各地區之間網絡型秩序觀的存在。

十九世紀，歐洲公法時代的國際秩序到達了頂點，施密特在《大地之法》中則將其描繪成具有人格的政治共同體之間水平的國際法秩序。有機體國家是大陸系統地緣政治

學的特徵之一，與此類似，施密特則將具有「主權人格」、作為權力結構體的國家，稱為「巨人」（große Menschen）。「同等的事物，並不具備對另一個同等事物的審判權」，他依據這套邏輯論述，建立了一套秩序觀，其認為「這些國家各自都把關於戰爭的平等權利，當成是『平等進行戰爭的權利』（jus ad bellum）」。不用說，這就是以「無差別戰爭觀」著稱的公法秩序。

在美國主導下，二十世紀的「國際法結構轉換」將戰爭變成違法的行為，從而廢止了這種「無差別戰爭觀」的歐洲公法秩序；施密特所要抵抗的，就是這種同時代的潮流。施密特批判二十世紀國際法的普世主義，認為這會破壞「場域確定」，並導致「場域喪失」。他擁護的，是由例外主義式的決斷論所樹立起來的國家秩序，是無普遍化的具體場域秩序。同時，他也擁護在主權者進行的戰爭中，無法判定法律地位差異的「無差別戰爭觀」。而為這套決斷論背書的，就是透過「所有具備主權的國家人格，會為了自身而做出對於正當原因的決斷」這種思考方式，所成立的秩序觀。

施密特透過對歐洲公法的解說所描繪出來的這套秩序，正是他想用「大空間」概念說明的東西。

按施密特所言，這種將無差別戰爭觀蘊含其中的歐洲公法秩序之所以能維持，是因

67　第三章　對立的地緣政治學理論發展──斯皮克曼與施密特

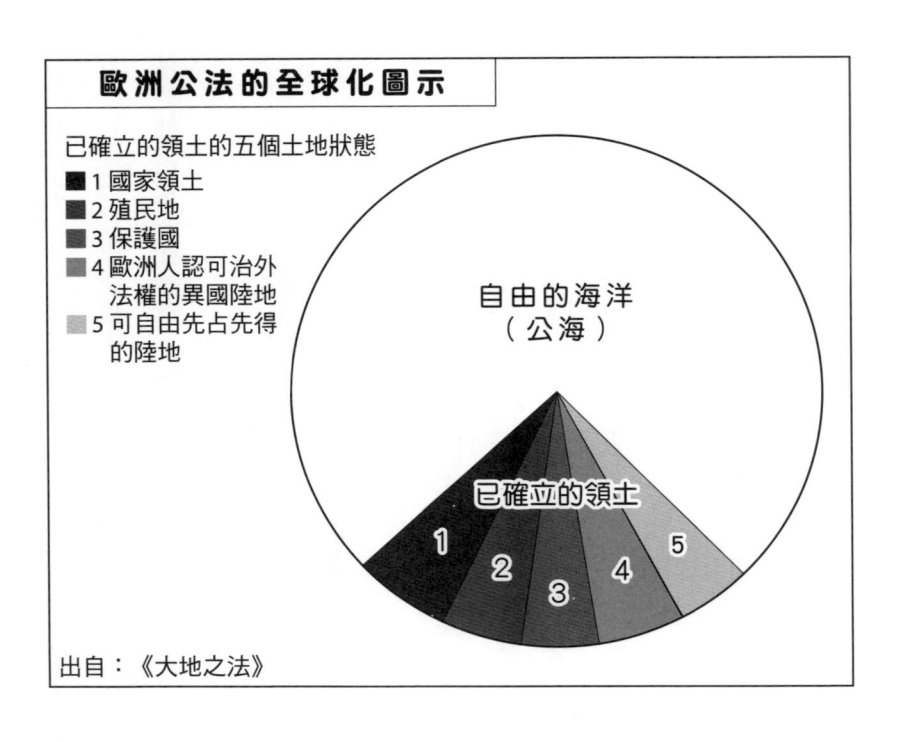

歐洲公法的全球化圖示

已確立的領土的五個土地狀態
- 1 國家領土
- 2 殖民地
- 3 保護國
- 4 歐洲人認可治外法權的異國陸地
- 5 可自由先占先得的陸地

自由的海洋（公海）

已確立的領土

1　2　3　4　5

出自：《大地之法》

為在歐洲境外發現了廣大的空間。在歐洲，具有「道德人格」而能進行決斷的各個國家，其戰爭關係，以競相占據歐洲境外土地的形式，變成一種境外化的架構。也正因此，即使在歐洲境外發生了伴隨著戰爭行為而生的殖民地爭奪戰，在歐洲境內仍能維持著一定的秩序，並使之不致陷入全面的戰爭狀態。這種「將已確立的領土與自由的海洋加以分離」的「空間（raum）秩序」，是歐洲公法直到十九世紀為止的特徵。

這種維持秩序的機能是根據殖民主義的擴張而來，其到十九世紀

戰爭的根源：兩種地緣政治學的對峙與交鋒　68

末則進入了飽和狀態。先占先得的歐洲公法，其地理上的適用範圍不斷擴張，但隨著這場巨大運動告終，世界也邁入了調整分割分配的時代。然而，單是透過會議，並不足以充分發揮維持秩序的機能，結果遂迎來了第一次世界大戰的悲劇。之後，歐洲公法邁入了日薄西山的時代，最終成為歷史的遺物。二十世紀國際法秩序之成立，在其中扮演重要角色的，就是在歐洲境外基於門羅主義創造秩序空間的美利堅合眾國。這種演變的背景，是陸海之間的扞格。

原本，即使在十九世紀，英國也高唱海洋自由與世界貿易的自由，推動共同的經濟法。據施密特所言，英式的國際法思想，是基於世界性的大海，也就是一種「沒有具體空間的海」。而這和生根於陸地，由歐陸各國創造出來的具體秩序是不相容的。作為歐洲固有具體秩序構想的大空間理論，就是要和作為普世主義海洋勢力的英國展開鬥爭。

在這個時候，施密特給美國的大空間定位，其實具有兩面性。在十九世紀，英美尚未連結在一起，美國自己確立了門羅主義的大空間。歐洲公法的地區秩序與門羅主義的地區秩序，是不同的大空間，有著相異的原理；但兩者都是大空間無誤。如果換成一般的用法，也可以說是「勢力圈」，用大陸系統地緣政治學的術語，則可稱為「生存空間」。

當美國參與二戰，也就是西半球世界大空間的盟主介入歐亞之際，不管是希特勒還是施

69　第三章　對立的地緣政治學理論發展——斯皮克曼與施密特

密特，應該都有遭到美國背叛的感覺。

這種感覺從學術理論史來講的話，就是用豪斯霍弗理論來理解美國的德國人，看到標榜麥金德／斯皮克曼理論與普世主義的美國時，會受到巨大的衝擊。

事實上，施密特在一九三九年寫下的〈日本的「亞洲門羅主義」〉中，就對意圖把門羅主義擴展成世界原則的威爾遜提出猛烈抨擊，說這種做法是將「自由民主的各種原則無視領域與界線，擴展到全地球與全人類」。施密特用一種近乎陰謀論的口吻，說一戰的威爾遜與二戰的羅斯福，都「把門羅主義當成英美資本掌控世界市場的工具來使用」。

對施密特而言，十九世紀門羅主義的西半球世界，可算是一種大空間的純粹典範，而日本在東亞創造出的大東亞共榮圈秩序，也可以稱為「日本的門羅主義」。在德國也有一種風潮，把施密特的大空間思想，解釋成德意志版的門羅主義。希特勒在演講中，也有明白提到「德意志門羅主義」。

隨著美國這個門羅主義大空間的盟主參與一戰，並在戰後歐洲國際秩序恢復上行使了強大的影響力，十九世紀歐洲公法的時代遂步向終結。只是，美國當時還沒有完全站在海的國際秩序這一邊。據施密特所言，美國和英國建構同盟關係，以海洋國家聯合盟

戰爭的根源：兩種地緣政治學的對峙與交鋒　70

主之姿登場,是二戰時候的事。對他來說,美國參戰是決定性的事件。

美國站在英國這一邊,此事代表他們選擇了和英國一樣、重視海洋貿易的海權生存之道,並開始建構領域性稀薄的網絡型帝國。換言之,他們拒絕了大空間思想,開始標榜起自由之海的普世主義。

此事意味著,施密特所深愛的歐洲公法的大空間已經落伍,而由美國主導的普世主義國際秩序壓倒了一切。二十世紀下半葉的世界,普遍確立了透過國聯與《非戰公約》將「攻擊戰爭」違法化的見解,然而施密特在一九四五年的論著《攻擊戰爭論》[1]中,對這種見解直接予以否定,並論述歐洲公法無差別戰爭觀的有效性。

但正如前已述及,其實門羅主義對歐洲來說是孤立主義,卻同時也帶有獨特的、依循「昭昭天命」論而來的干預主義性質。

---

1 編註:此處提及的書名乃日譯本的譯名(《攻擊戰爭論》,日本於二〇〇〇年由信山社出版),原書為《國際侵略戰爭罪與無罪原則》(*Das Internationalrechtliche Verbrechen Des Angriffskrieges Und Der Grundsatz Nullum Crimen, Nulla Poena Sine Lege*),較少列在施密特著作之列。這是一九九三年,由德國法學家赫爾穆特・夸勒茲許(Helmut Quaritsch)編輯、注釋後出版的施密特之遺作,原寫於一九四五年夏天的柏林,是施密特於紐倫堡大審的法鑑定書。

如果按照我們這本書稱為大陸系統地緣政治學的豪斯霍弗理論傳統，門羅主義是一種「生存空間」，也是一種「勢力圈」。但如果按照本書稱為英美系統地緣政治學的麥金德理論傳統，那門羅主義從一開始就是海權網絡，具有普世主義的傾向。

威爾遜將門羅主義從西半球世界解放出來，並加以適用到歐洲，而這種嘗試若要讓多數美國人贊同，則需要花上一段讓人苦惱的考慮時間。但到最後，問題還是在適用門羅主義的地理範圍上。當人們著眼於門羅主義作為「昭昭天命」論的性格，則若它的適用地理範圍可以跨越西半球世界的話，那就很容易連結到一種，以「島國」美國所形成的海洋邦聯，擔負起全球化普世主義運動推手的世界觀。

戰爭的根源：兩種地緣政治學的對峙與交鋒　72

第二部　從地緣政治學看戰爭史

在第一部中，我整理了地緣政治學的理論架構。

在第二部中，我想試著用這兩種迥異的地緣政治學理論視角，來概觀戰爭的歷史。

話雖如此，我也沒辦法涉獵有史以來世界上所有地區的戰爭史。

因此，我會著眼在近代歐洲的國際政治、二十世紀冷戰時代的國際政治，以及和二〇二二年俄烏戰爭密切相關、冷戰結束後的國際政治。本書在這種嘗試中所要展示的是：沿著國際政治的現實，地緣政治學的視角能解釋些什麼？這兩種迥異的地緣政治學，又會對此做出怎樣不同的解讀？

第四章 發生在歐洲的戰爭歷史

在第四章中，我們要處理的是十七世紀到二十世紀初期，發生在歐洲的戰爭。這個時代即使光看歐洲，發生的戰爭也是為數眾多，因此不可能全部在這裡提及。只看主要的戰爭，就有：三十年戰爭、遺產繼承戰爭、西班牙王位繼承戰爭、俄羅斯與鄂圖曼帝國、波斯、瑞典反覆的鏖戰，及法國大革命戰爭／拿破崙戰爭、義大利獨立戰爭、普法戰爭，還有巴爾幹半島的諸多戰爭等等，這裡只能列舉其中少數幾場戰爭當作範例。

不過，儘管能列舉的範例有限，在古典地緣政治學理論的分析下，歐洲戰爭的架構究竟呈現何種樣貌？若能理解這點，對分析其他地區、其他時代戰爭的架構也將能有所裨益。藉由這樣的問題意識，我會展示古典地緣政治學的視角，如何適用於現實政治的方法。

對歐洲國際社會的不同理解

一般都認為，近代國際法體系是奠定於一六四八年的《西發里亞和約》。但是這究竟意味著什麼，看法卻往往有很大的差異。

以漢斯・摩根索（Hans Morgenthau）為代表的國際政治學，採取的是所謂「現實主義」的立場。他們認為國際政治就是國家間的權力政治鬥爭，這是自人類有史以來，不曾改變過的法則。就現實主義的角度來看，簽訂《西發里亞和約》是確立了歐洲主權國家體系，揭開近代主權國家間以力相搏之序幕的事件。

相對於此，以赫德利・布爾（Hedley Bull）為代表的英國學派，其歷史制度論的色彩濃烈，站在他們的立場來看，則會出現另一套完全不同的歷史觀。對英國學派而言，《西發里亞和約》是一個時代的契機，開創了各國間共享世俗共通規則與制度。用布爾的話來說，十五世紀到十七世紀，主權國家間的規則、制度尚不發達，而作為其替代品的，是基督教文化圈紐帶中仍相當程度殘存著的「基督教國際社會」。相較於此，在十七世紀到十九世紀，包括權力平衡、外交、國際法、戰爭、列強等，為了維持秩序而出現了共通的制度，從而產生了各國共享、可以稱為「歐洲國際社會」的秩序空間。

75　第四章　發生在歐洲的戰爭歷史

從客觀的史實來看，布爾的英國學派史觀，其實是比較貼近實際狀態的。教宗與神聖羅馬帝國權威所構成的秩序，因宗教改革後的紛亂而土崩瓦解，最後在三十年戰爭中變成過氣的遺物，而在這個過程中，才造就了《西發里亞和約》。只是在國際政治學中擁有決定性影響力的，還是摩根索的講法；畢竟「歷史的起點，就是高舉絕對主權的主權國家體系的起點」，這樣的論法非常淺顯易懂。

從本書觀點來看，讓人深感玩味的一點是，身為德裔流亡猶太人的摩根索，是位非常教條主義的國家主權理論信奉者。

摩根索說穿了就跟施密特一樣，堅信主權國家的獨立性與至高性。他執著於攻擊美國政治文化中根深柢固的立憲主義思想，這並非偶然。對他而言，國際政治就是擁有絕對權力的主權國家共存的空間。

摩根索出於情感上的嫌惡，並沒有使用希特勒與施密特所說的「生存空間」、「大空間」之類概念。但儘管如此，他所抱持著的世界觀，還是認為國際政治就是由帝國主義國家與維持現狀國家之間的扞格所形成的。在帝國主義國家影響力所及的範圍下，會產生出某種勢力圈，這對摩根索來說不證自明。至少在他的論述中，英美系統地緣政治學的特徵，也就是陸權與海權的二元論世界觀，這類的要素非常薄弱。按摩根索的說

法，國家都會為了追求自身利益而行使力量，因此，國際政治只會呈現出一派無秩序的空間。

相對於此，按照布爾的討論，《西發里亞和約》創造了一套防止三十年戰爭重演的權力平衡制度。有力列強之間的權力關係被置於均衡狀態，特定國家在這種架構下，要追求壓倒性優勢而展開冒險行動的難度就會提高。

在布爾的國際社會制度論中，並沒有像麥金德這樣把陸海權區分開來的視角。但就結果而言，海島國家英國以「平衡者」身分，讓歐陸不致產生出特定的霸權國家，其仍扮演著很特殊的角色；換言之，從英國學派的角度來看，為了抑制大陸霸權國家的膨脹，海洋島國會把牽制的架構加以制度化。

從大陸系統地緣政治學所見的歐洲國際社會

從大陸系統地緣政治學的理論來看，歐洲形成單一勢力圈是理所當然的。如果把全盛時期的神聖羅馬帝國當成原始印象套用在大空間的思考架構上，那就可以推斷必然會有一個最強而有力的國度，確立起廣及歐洲全境的勢力，從而打造出屬於自己的大空

77　第四章　發生在歐洲的戰爭歷史

但是在達成這個結果之前，此處仍是具備有機實體的各國並存且相互衝突的空間。

大陸系統地緣政治學認為，歐洲這個空間的特徵，就是有好幾個有力國度利用地理條件展現出強烈存在感、樹立起近代民族國家，並且彼此相互競爭。只是在這種競爭社會中，常常蘊含著一種可能性：若是單一霸權國度脫穎而出，則影響將遍及整個歐洲。

三十年戰爭之所以長期兵連禍結，就是因為位於歐洲中央的大國法國接受瑞典等新教國挑戰的架構所致。作為霸權國家且最有機會讓歐洲全體臣服其下地位的，就是法國。不論從哪方面來說，它都在歐洲中央地帶擁有廣大且開闊的領土，並成功確立了絕對王權，在軍力的展開上，也能以壓倒諸國的規模進行。

但是，法國充滿野心的行動，常會喚醒周邊各國的警戒心。因此，當法國王室野勃勃，試圖整合西班牙王室之際，害怕法國確立霸權國地位的英國與荷蘭各國，就被迫要採取預防性行動。這就是西班牙王位繼承戰爭。

一七八九年大革命之後的法國在其他國家眼中看來，不只是採納了新的理念，還是試圖重新掌握歐洲的霸權。說起來，民族主義思想的跨越國境傳播，對歐洲其他各國的統治者而言，本身就是巨大的威脅。

相比於以農業為基礎、擁有穩固領土的法國，位處氣候嚴酷地帶的普魯士，則是靠

戰爭的根源：兩種地緣政治學的對峙與交鋒　　78

《西發里亞和約》時代的神聖羅馬帝國境內政治地圖

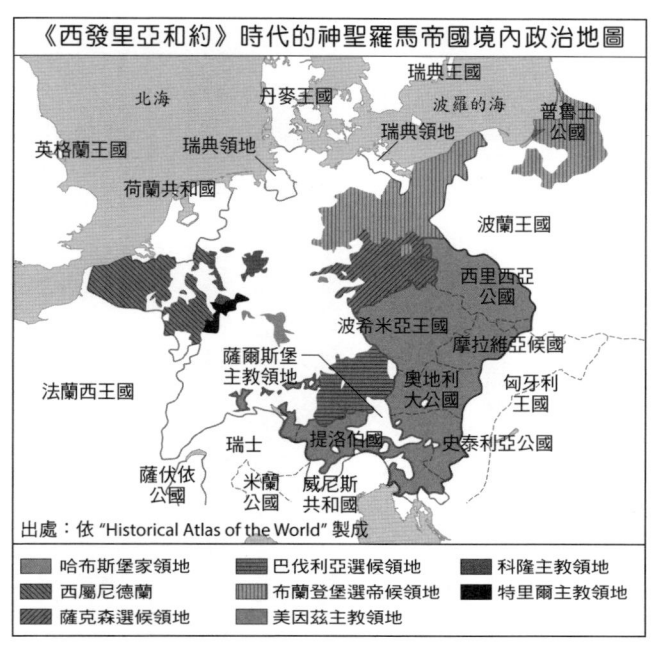

北海／丹麥王國／瑞典王國／波羅的海／普魯士公國／英格蘭王國／瑞典領地／瑞典領地／荷蘭共和國／波蘭王國／西里西亞公國／波希米亞王國／摩拉維亞侯國／薩爾斯堡主教領地／奧地利大公國／匈牙利王國／法蘭西王國／瑞士／提洛伯國／史泰利亞公國／薩伏依公國／米蘭公國／威尼斯共和國

出處：依 "Historical Atlas of the World" 製成

圖例		
哈布斯堡家領地	巴伐利亞選候領地	科隆主教領地
西屬尼德蘭	布蘭登堡選帝候領地	特里爾主教領地
薩克森選候領地	美因茲主教領地	

《西發里亞和約》時代的歐洲政治地圖

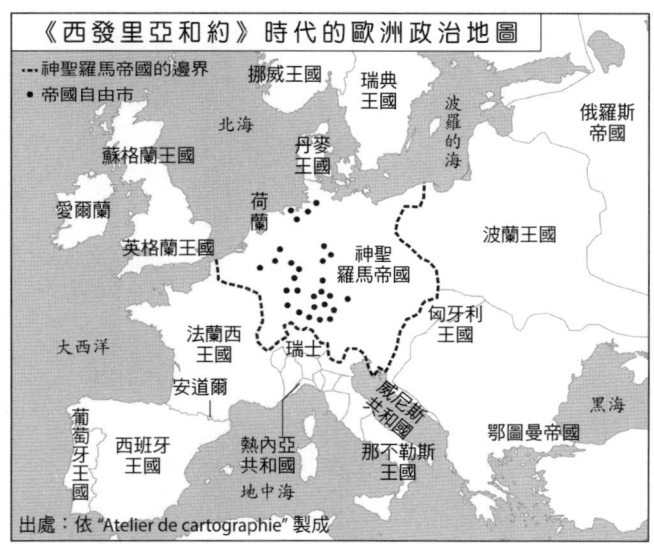

--- 神聖羅馬帝國的邊界
● 帝國自由市

挪威王國／瑞典王國／波羅的海／俄羅斯帝國／北海／丹麥王國／荷蘭／蘇格蘭王國／愛爾蘭／英格蘭王國／神聖羅馬帝國／波蘭王國／匈牙利王國／大西洋／法蘭西王國／瑞士／安道爾／威尼斯共和國／黑海／鄂圖曼帝國／葡萄牙王國／西班牙王國／熱內亞共和國／那不勒斯王國／地中海

出處：依 "Atelier de cartographie" 製成

79　第四章　發生在歐洲的戰爭歷史

工業化的成功來充實國力。神聖羅馬帝國實質上崩解之後，德意志就成了一個沒有中心的領域。十七世紀的《西發里亞和約》，讓德意志形成了一個由數百位弱小領主各自分割的固定化架構。

但隨著東歐的普魯士以軍事強國之姿崛起，情勢為之一變。普魯士在和主要國家的戰爭中取勝後，成立了以普魯士為中心的德意志帝國。一八七一年德意志帝國的成立，是讓歐洲國際政治結構天翻地覆的大事件。擁有最多人口的軍事強國在歐洲中央地帶登場，這讓人不禁推斷，歐洲整體很有可能統一在德國的「勢力圈」之下。

和法國聯手、站在牽制德國這一立場的，是包夾東歐廣大平原並與之對峙的俄羅斯。東歐雖然存在著眾多民族，但並沒有阻止軍事行動的自然屏障，因此很容易受到帝國掌控。直到二十世紀為止，東歐都是在德意志帝國與俄羅斯帝國間受到分割。

朝亞洲開疆拓土以充實國力的俄羅斯，為了黑海的歸屬問題，和鄂圖曼帝國展開對峙。南歐以巴爾幹半島為中心，其山岳地帶居住著眾多少數民族，但隨著奧匈帝國力量的衰退，此處變成了不屬於單一帝國完整勢力圈、卻又有利可圖的角力場。這個「歐洲的火藥庫」，最終成為了第一次世界大戰的導火線。

十七世紀參加《西發里亞和約》的三百六十多個締約主體，大多是沒有民族基礎的

戰爭的根源：兩種地緣政治學的對峙與交鋒　80

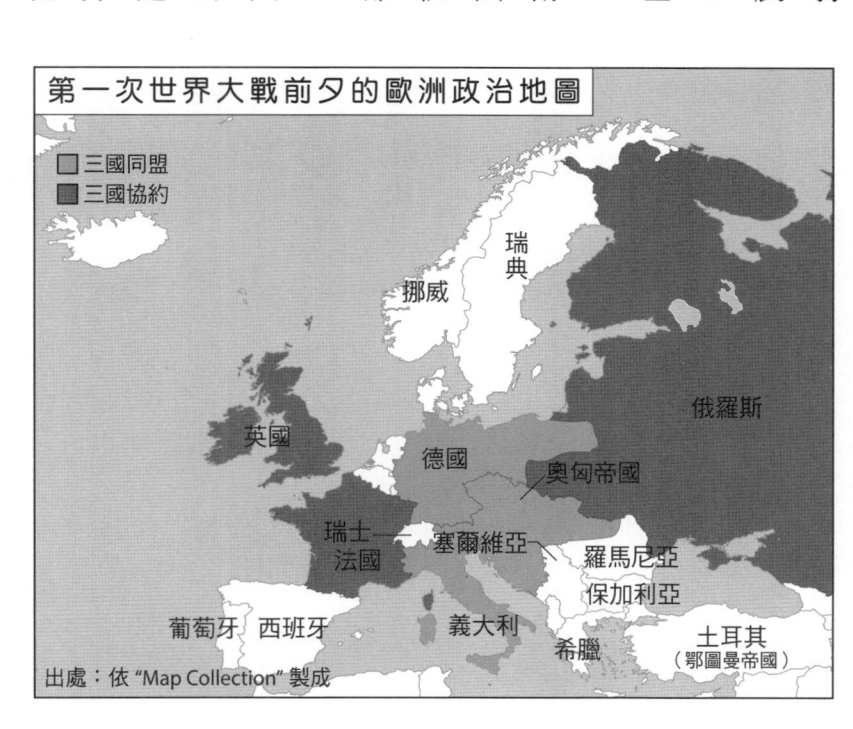

封建領主，或是一些城邦。這些弱小政治單位在歐洲大國政治的發展中逐漸被淘汰，到了二十世紀初期，作為獨立政治體的它們已經幾近全數消滅。

十九世紀盛極一時的社會達爾文主義，一般都被理解成歐洲帝國殖民歐洲以外地區的正當化邏輯依據。但事實上在這之前，歐洲內部已經進行了政治共同體的自然淘汰。

具備有機實體的各個民族在共存的同時，也不斷重複適者生存的過程，這種國際政治的印象，就是依循著大陸系統地緣政治學的世界觀。如果在這種生存競爭當中出現

第一次世界大戰前夕的歐洲政治地圖

□ 三國同盟
■ 三國協約

挪威　瑞典　俄羅斯
英國　德國　奧匈帝國
瑞士　塞爾維亞
法國　　　羅馬尼亞
　　　　　保加利亞
葡萄牙　西班牙　義大利　希臘　土耳其（鄂圖曼帝國）

出處：依 "Map Collection" 製成

81　第四章　發生在歐洲的戰爭歷史

從英美系統地緣政治學所見的歐洲國際社會

在以布爾為代表的英國學派角度看來，傳統的歐陸大國間政治，並非只是單純的適者生存競爭；相反地，它應該被視為一個透過權力平衡（balance of power）這種維持秩序的制度在運作的社會。

英國扮演的角色，是從大陸之外防止特定國家成為霸權國後，將歐洲整體納入自己的勢力圈。從這個觀點出發，英國並沒有參與讓神聖羅馬帝國瓦解的三十年戰爭，而是在法國王室意圖確立霸權、和西班牙王室結合的時候才加入戰爭，予以防堵，並在拿破崙勢如破竹建立起大帝國時，集結對抗勢力，建構起大包圍網。當俄羅斯推動南進政策

了某個獲得霸權地位的強國，那它就可以將整個歐洲納入本國的勢力圈，並稱霸全境。最接近這個地位的，是位在歐洲中央、擁有最多人口的德意志帝國。地緣政治學之所以興盛，其核心是因為有許多德國人為勢力圈思想而傾倒，這其實和現實政治互為表裡。

只是當然，即使是成為歐洲最大國的德國，要把整個歐洲納入自己的勢力圈，也並非易事。在兩次世界大戰中粉碎德國野心的，都是以英美為中心、位於歐陸域外的各國。

戰爭的根源：兩種地緣政治學的對峙與交鋒　82

壓倒鄂圖曼帝國時,英國便發動克里米亞戰爭牽制俄羅斯,並將他們從阿富汗逐出,好堅守英屬印度。在德意志達成統一之後,英國也持續討論所謂「德意志問題」,並在第一次世界大戰中,以反德聯盟的對抗勢力之姿奮戰不懈。權力平衡作為大國間政治的結果,並非偶然產生,而是為了維持秩序,透過人為努力進行制度性維持的產物。

套用布爾的老師——國際政治學者馬丁·懷特(Martin Wight)的話:「權力平衡在某種意義上如同國際社會中不成文憲法般,在整個十八世紀普遍被人們所談論。」在防止霸權國家崛起中找到自己國家利益的英國,其國內則掀起了一股將憲法的權力分立、勢力均衡原理,與歐洲的權力平衡相互重合對照的風潮。不用等到麥金德理論的誕生,英國作為海權霸主,就已經持續封鎖大陸的陸上霸權,長達數百年之久。

就如同之後麥金德所做的理論性整理,歐洲是從歐亞大陸往外伸出的一個巨大半島,也就是一座橋頭堡。即使和朝鮮半島、中南半島、印度半島、阿拉伯半島相比,它還是面積廣袤、足以稱為歐亞大陸最大的半島與橋頭堡。

若是有某個陸地霸權把這座橋頭堡納入自己的勢力範圍,那它就可以極大程度左右歐亞大陸整體的走向。海權的海洋戰略,也不得不強烈為這點所左右。不讓霸權國家在歐洲「半島」上建立起勢力圈,是海權的根本要務;對英國這樣位於歐洲一隅的島國來

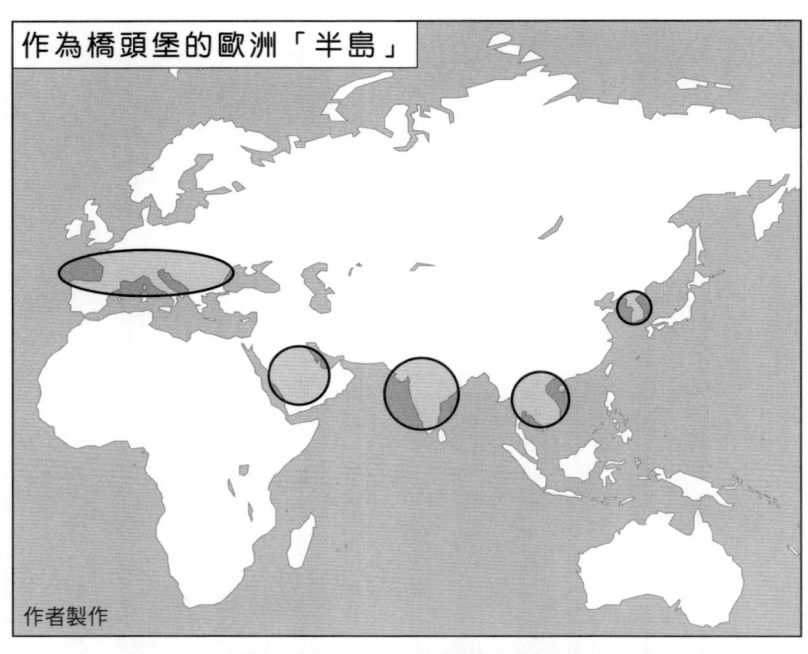

作為橋頭堡的歐洲「半島」

作者製作

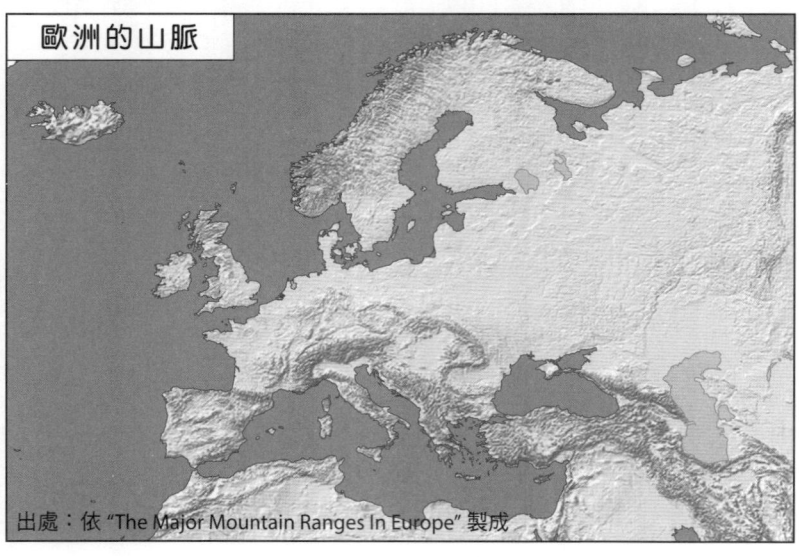

歐洲的山脈

出處：依 "The Major Mountain Ranges In Europe" 製成

戰爭的根源：兩種地緣政治學的對峙與交鋒　84

說，這更是絕對的根本要務。

法國和德國因為位於歐洲中央位置，具備了最有利的地理條件能成為歐洲霸權國。只是這些勢力受到險峻的阿爾卑斯山阻擋，不容易往南擴張，因此西歐各國的勢力會沿著平原地帶往東伸展，並和北方勢力就半島根部地帶的歸屬問題，展開激烈的衝突。

直到十七世紀為止，瑞典都是北方勢力的代表。十八世紀以降，俄羅斯勢力日益擴大，以歐洲北方大國之姿支配該地。但是反過來說，如果俄羅斯勢力變得太大、大到足以壓倒西歐各國的話，那歐洲「半島」全境，就會變成俄羅斯的勢力圈。英國就是得同時計算這兩種劇本並加以防範未然，並找出能有效活用自身力量的方法，來採取行動。

在麥金德地緣政治學理論裡，將世界概括成海權與陸權這兩大勢力的對立，這其實是將傳統歐洲複雜的權力平衡關係圖，加以單純化之後的產物。

英國處心積慮不讓俄羅斯與法／德間的均衡勢力崩解，仔細計算不讓特定陸權過強、成為霸權國家，並以平衡者的身分展開行動。在這種時候，位在大陸但實際上為海洋國家的荷蘭等國，也會成為英國這種平衡者最重視、打進大陸的破口。

歐洲的西邊是大西洋、北邊是北海、南邊是地中海、東邊是黑海。在歐洲的地形裡，並沒有將這些海洋相互連結的大河；不管哪一條河流，都是從高地流向某一處海洋而

85　第四章　發生在歐洲的戰爭歷史

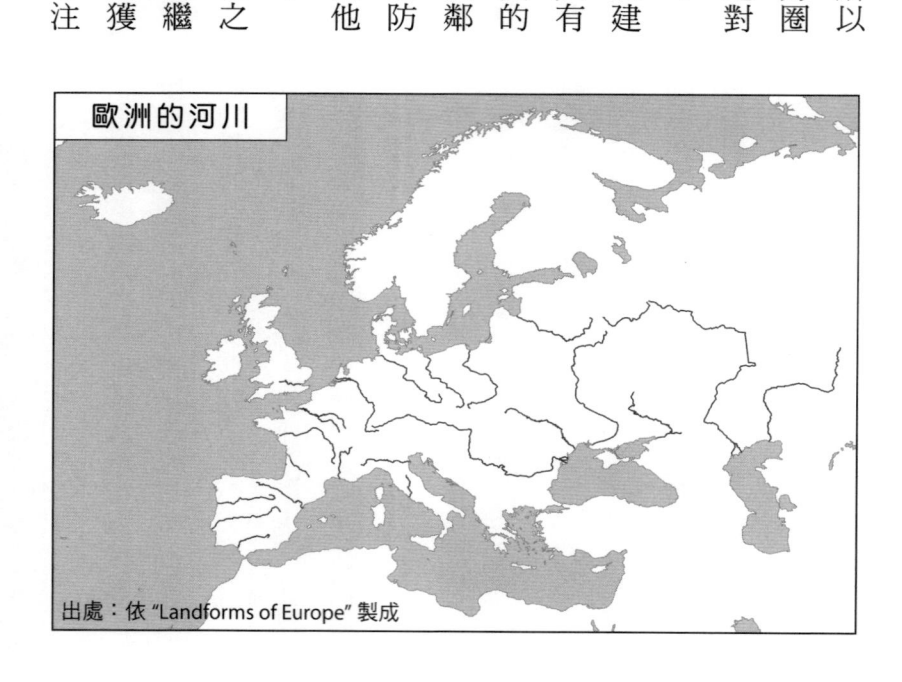

已。因為河川將「半島」加以割裂，所以當特定國家想把「半島」全境納入勢力圈的時候，河川就會變成沉重的枷鎖。這對海權國家英國而言，是相當有利的事實。

不管大陸的哪個陸權國，都沒辦法建立起在海洋間自由往來的海軍力量。只有在把整個歐洲「半島」納入單一勢力圈的情況下，大陸的陸權國才有可能從歐洲鄰近海域把英國海軍趕出去。英國若是要防範未然，就得經常維持地理的環境，讓他們能夠輕鬆找出包圍潛在霸權國的接點。

十七世紀和荷蘭反覆進行海洋霸權之爭的英國，在十八世紀初的西班牙王位繼承戰爭中，靠著和荷蘭、普魯士的同盟獲得勝利，成為海上霸者。此後，英國專注

歐洲的河川

出處：依 "Landforms of Europe" 製成

戰爭的根源：兩種地緣政治學的對峙與交鋒　86

於歐洲境外的大英帝國擴張與海洋貿易，並不深度介入歐陸的大國間政治。但另一方面，當他們為了防止霸權國家崛起而與法、俄、德交戰之際，也是一邊守護廣及世界的帝國權益一邊作戰的。

因此，自十八世紀初期安妮女王戰爭以降，和英國有關的歐洲大國間戰爭，從地理來看都是一路蔓延到全世界規模的。英國和法國，因為北美大陸的殖民地而爭戰。在十九世紀的拿破崙戰爭時代，北非也成為戰場。英國和俄羅斯在黑海的克里米亞，以及阿富汗的山岳地帶衝突。第一次世界大戰之際，隨著日本的參戰，戰火一路蔓延到東南亞與太平洋殖民地。

作為海權的英國，在和作為陸權的德、俄交戰之際，其戰鬥會從歐洲一路延伸到歐亞大陸的外緣部分，也就是所謂的邊緣地帶。正因如此，十九世紀英俄間的齟齬，才會被稱為「大博弈」（Great Game）。

我們光是看至二十世紀為止的古典歐洲大國間政治就可以發現，大陸系統地緣政治學與英美系統地緣政治學，不單單只是理念上的世界觀對立，更是反映了現實大國間政治上的對立。一邊是把歐洲當成一個大空間，另一邊則是將之視為權力平衡的社會。邁入二十世紀後，這種對立則變得更加清晰，並蔓延到整個世界。

87　第四章　發生在歐洲的戰爭歷史

第五章　從地緣政治學看二十世紀的冷戰

二十世紀的國際秩序，是按照美國倡導的各項原則建立起來的。二十世紀的冷戰體制，則是在美國主導的安全保障政策下形成的。這套體系和二十世紀初以前歐洲各國熟習的國際秩序，堪稱天壤之別。本章將透過兩種相異的地緣政治學視角，以全然相異的描寫方法，來分析這套二十世紀的國際秩序。

擴大的門羅主義

二十世紀可以說是美國的世紀。美國以世界超大國之姿君臨天下，就是從二十世紀開始的。然而，這並不單單只意味著「美國成為世界最強國家」而已。

美國和使得十九世紀國際政治多采多姿的歐洲帝國大不相同，它是一個由討厭歐洲

戰爭的根源：兩種地緣政治學的對峙與交鋒　88

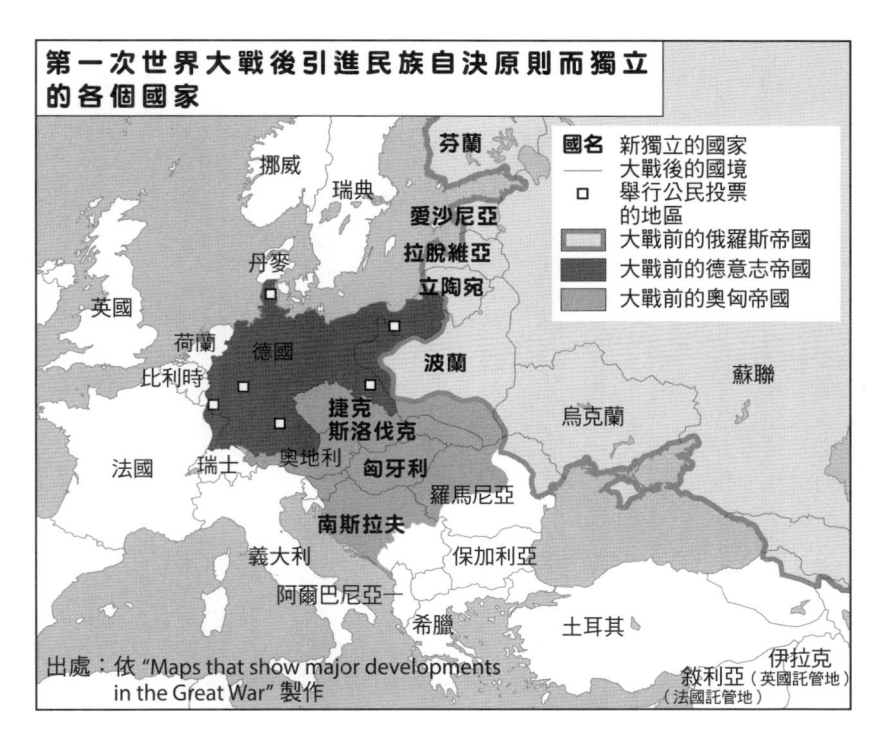

第一次世界大戰後引進民族自決原則而獨立的各個國家

圖例：
- 國名：新獨立的國家
- ——：大戰後的國境
- □：舉行公民投票的地區
- （淺色）：大戰前的俄羅斯帝國
- （深色）：大戰前的德意志帝國
- （中灰）：大戰前的奧匈帝國

地圖標註國家／地區：挪威、瑞典、芬蘭、愛沙尼亞、拉脫維亞、立陶宛、丹麥、英國、荷蘭、比利時、德國、波蘭、蘇聯、烏克蘭、法國、瑞士、奧地利、捷克斯洛伐克、匈牙利、羅馬尼亞、南斯拉夫、義大利、保加利亞、阿爾巴尼亞、希臘、土耳其、伊拉克（英國託管地）、敘利亞（法國託管地）

出處：依 "Maps that show major developments in the Great War" 製作

的人逃到新大陸所建立的，且建國以來就在合眾國憲法以及西半球的門羅主義體制下，樹立起歐洲不曾體驗過的國家制度與地區秩序的國度。

隨著一戰爆發，施密特所稱之歐洲公法秩序開始崩壞，這時，美國思想遂逆流進入歐洲。簡單說，美國把民主的國家制度，反向輸出到了歐洲。

然而不只是如此。在國際秩序層面上，它否定帝國主義的大國政治，並建立起基於民族自決的秩序；和其互為表裡的，則是把戰爭視為違法的國際法結構轉

89　第五章　從地緣政治學看二十世紀的冷戰

換。不只如此,更進一步和它相互印證的,是集體安全保障這個制度(包含了今天《聯合國憲章》中,被認證有集體自衛權的地區安全保障制度在內)。威爾遜總統想要的,是透過這種嘗試,把門羅主義的秩序擴展到歐洲。

對門羅主義的理解,最能夠用來區分英美系統與大陸系統地緣政治學的世界觀。依照大陸系統地緣政治學的看法,門羅主義是一種孤立主義,是美國不允許自己的生存空間或者大空間被其他國家干預的外交政策。按照這種視角,美國的門羅主義,正是生存空間/勢力圈/大空間的理想型。

然而,美國人自己並不是這樣看待門羅主義的。

這份意圖迴避「骯髒」「舊大陸」的大國間政治「相互糾結關係」的宣言,是為了守護西半球世界各國的共和主義體制。「新世界」的新興獨立諸國,乃是依循「上帝的恩寵」,保持正確的政治體制,而美國的國力增長,正是為了守護這個地區的秩序。所以,門羅主義是展現上帝給予美國特殊「昭昭天命」的理念。

本來,按照麥金德理論的地緣政治學視角,西半球世界各國的團結,就是外新月地帶海權力量的團結。這種團結是為了封鎖「世界島」地帶陸權膨脹才成立的。美國並非孤立,而是在封鎖歐洲帝國主義國家的擴張政策。門羅主義的「新世界」,乃一新秩序

戰爭的根源:兩種地緣政治學的對峙與交鋒　90

的「集體自衛權」方得以成立。

對威爾遜總統而言，門羅主義的秩序，應該被看作是按照合眾國憲法而擁有主權的各州（state）集體維持的憲法秩序之延伸。所以最後「國際聯盟『盟約』」（Covenant）」通過的條約內容，在威爾遜起草、帶往巴黎和會的階段，其實原本是稱為「國際聯盟『憲章』（Constitution）」。

在《國際聯盟盟約》第二十一條中，明定門羅主義在聯盟設立後也依舊會延續。這在歐洲人與日本人看來，很明顯就是威爾遜特有的偽善，是見人說人話、見鬼說鬼話的證據，但對威爾遜自己而言並非如此。原本存在於西半球世界的門羅主義，和擴大到歐洲的新門羅主義，是可以並存的。合眾國憲法創造出的嵌套式秩序，就是威爾遜透過《國際聯盟盟約》想要表現的秩序。

複數個地區秩序相連結且並存。國際安全保障的架構，有可能是重層式的。將這兩者結合在一起的，是共通的普遍理念。威爾遜的美國，將直到一戰為止，歐洲人完全不曾見過也無法想像的國際秩序樣貌，帶進了歐洲。

結果，威爾遜沒能說服本國議會的多數派。議會多數派信不過威爾遜的理念，也就

91　第五章　從地緣政治學看二十世紀的冷戰

是讓新的門羅主義適用範圍，擴大到歐洲這個地理區域。

這是因為歐洲人之後肯定又會馬上故態復萌，打算讓舊世界骯髒的勢力平衡與大國間政治死灰復燃。對議會多數派來說，威爾遜的構想只是一種會被歐洲人背叛的約定。

但美國在那之後一直都還是威爾遜引進的新國際秩序之信徒。一九二八年他們主導了《非戰公約》的成立，繼續推行戰爭違法化的潮流。滿洲事變爆發之際，他們宣布了「史汀生主義」（Stimson Doctrine，或稱不承認主義），貫徹了一種堅決不承認因侵略行為而生之現實，並要守護新國際法秩序的態度。二次大戰的爆發，更進一步推了美國一把。

一九四一年美國總統羅斯福與英國首相邱吉爾發表的《大西洋憲章》，是一份盟軍陣營歌頌第二次世界大戰之目的的文件。簡單說，它是一份將英國地緣政治學視角，與美國普世主義理念結合起來的文件。

在這份文件中，美國和英國高唱各種原則：不求擴大領土、不違反相關國家國民意志變更領土、全體人民享有民族自決權利、撤除關稅壁壘、世界應同心協力確保所有人都能獲得更好的經濟及社會狀況、脫離恐怖與匱乏的自由有其必要、海洋的自由有其必要、進行侵略國裁軍與戰後的共同裁軍，等等。

戰爭的根源：兩種地緣政治學的對峙與交鋒　92

從地緣政治學的角度來看，這可以定位成是海權為了與陸權作戰，確定締結同盟關係的文件。它同時也是二十世紀後半以「《聯合國憲章》體制」廣為人知、表明國際秩序各原則的文件。在二十世紀這個「美國的世紀」中，兩者是被當成一體來運用的。

隨著珍珠港攻擊，美國被牽扯進第二次世界大戰當中，並在之後主導了戰後秩序的建構。不只如此，美國還做好覺悟，要把守護自由主義體制的門羅主義跨越西半球世界加以推行適用，遂於冷戰體制下和蘇聯對峙。

門羅主義從一開始，就包含有普世主義理念的要素。因此，當二十世紀美國成為世界最強的大國的時候，門羅主義便作為一種教條的原型發揮機能，揮舞著普世主義的旗幟躍出西半球世界。

冷戰時期的美國地緣政治學

在大陸系統地緣政治學的視角看來，不放棄門羅主義，卻又要在歐洲設立國際聯盟、擔任旗手的美國，只是助長混亂的偽善者。延續一戰，二戰也在樹立普世主義上，再次扮演了決定性的角色。於是，美國既是「生存空間」的破壞者，也是令人失望的

對象。

納粹德國與大日本帝國對凡爾賽體系的挑戰，可以說是對美國表裡不一的外交，或者說對其破壞「生存空間」的秩序表示異議所致。

納粹德國作為歐洲的霸權國，在歐洲設立了基於本國生存空間的大空間。大日本帝國作為遠東的霸權國，在東亞樹立了基於本國生存空間的大空間。大日本帝國作為遠東的霸權國，在東亞樹立了基於本國在西半球世界的門羅主義，加以模仿和實踐的結果。這些說到底，全是對於美國在西半球世界的門羅主義，加以模仿和實踐的結果。儘管如此，美國卻高舉他們所制定的國際法原則，否定納粹德國與大日本帝國的主張；不只如此，他們還以軍事力量染指歐洲與遠東，推動新秩序的建構，這實在是不可饒恕的背叛。

但是在美國人看來，這種抨擊完全是基於惡意的誤解。門羅主義打從一開始，就是依循「昭昭天命」論的理想主義產物，而跨越西半球世界、採取積極外交安全保障政策，也是為了守護自由主義世界、貫徹普世主義的目標。

或者用地緣政治學理論來說，美國的外交安全保戰略，在歐洲與亞洲／大洋洲拉起以集體自衛權為根據的海權各國同盟網絡，並將大陸陸權的膨脹予以封鎖，這其實也是依循著麥金德／斯皮克曼英美系統地緣政治學的視角所致。

就像這樣，大陸系統與英美系統地緣政治學，在今日並不只是理論意義上的世界觀

戰爭的根源：兩種地緣政治學的對峙與交鋒　94

對立，更是現實國際政治中對立的象徵。

世界觀的差異反映在現實政策差異上的狀況，在一九三九年由卡爾（E. H. Carr）發表的《二十年危機》中，被描繪成「現實主義」與「理想主義」間的對立。卡爾所說的這種對立，和站在普世主義立場的資本主義擁護者，與拒絕上層結構掩蓋下層結構矛盾的共產主義擁護者之間的對立，彼此是連動的。

蘇聯整合中亞與東歐各國，成為陸權霸主，這完全是按照麥金德理論登場的心臟地帶陸權帝國。美國之所以在朝鮮半島與中南半島斷然做出軍事干涉的判斷，就是因為追求變革現狀的革命勢力背後，既有共產主義意識形態，也有蘇聯擴張主義的影子在。冷戰結構，正是圍繞著「歷史的地理樞紐」而成立的。

共產主義運動以蘇聯為頂點，從歐亞大陸中央呈放射線狀擴張，與此相對地，美國則採取封鎖政策來對抗之，其將自由主義各國之防衛以及確保橋頭堡接點當成了根本要務。這兩大勢力沿著邊緣地帶，陸陸續續發生具體的紛爭。這種做法雖然避免了超大國之間的直接對立，但可說是上演了二十世紀版的大博弈。

對於這種冷戰的現實，大陸系統地緣政治學又是怎樣觀察的呢？

傳統大陸系統地緣政治學的知識核心德國，在二戰後被分割成東西兩半，且孕育出

95　第五章　從地緣政治學看二十世紀的冷戰

一種把戰前思想視為危險思想並強烈警惕的文化。所以在德國，已經沒有大陸系統地緣政治學的代表性人物出現了。這點在日本也是一樣的。在日本，對美國表裡不一的抨擊，並不是針對需負責任者的所作所為，相反地，和美國的海權盟友關係該如何維持發展，才是其關切的問題核心。

經濟大恐慌後的集團經濟（bloc economy），招致了二戰的慘禍；這是國際社會間共通的一個有力見解。故此，不只是自由主義陣營為了防止集團經濟，採取了各式各樣的手段，在教旨上以世界革命為目標的

| 以蘇聯為中心的華沙公約組織各國，以及對其加以封鎖的北約各國 |

NATO　　　　　　　華沙公約組織
　1949 年　　　　　1955 年
　1952 年　　　　　1955~68 年
　1955 年　　　　　1956 年
　1982 年

作者製作

戰爭的根源：兩種地緣政治學的對峙與交鋒　96

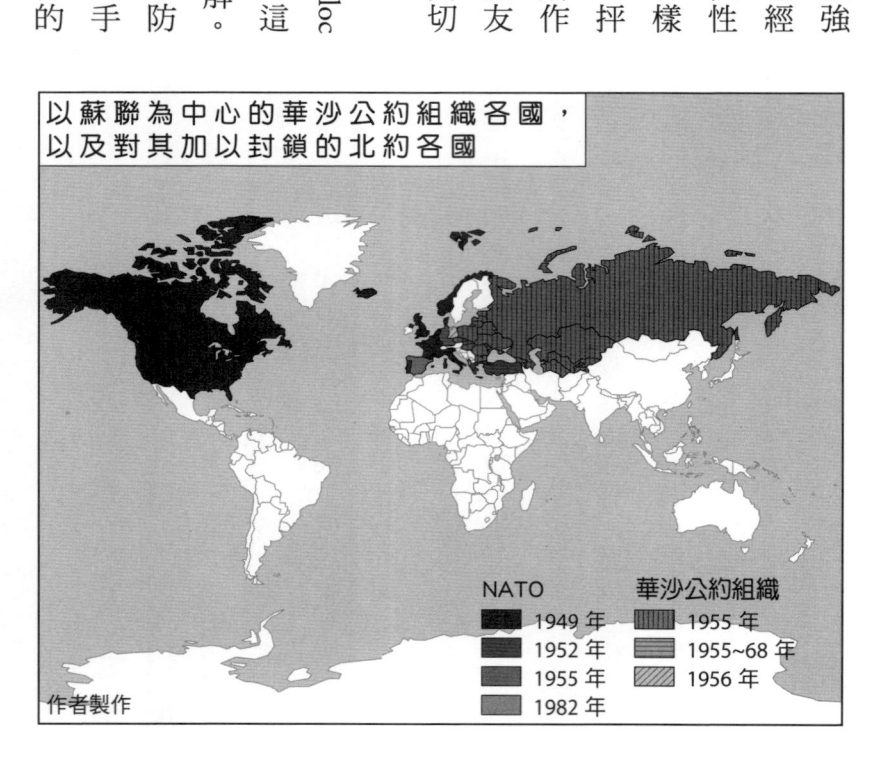

亞洲・大洋洲的美國同盟各國

大韓民國　日本
臺灣
泰國　菲律賓
印尼
澳大利亞
美國

■ 和美國締結國與國之間條約的國家
■ 1979年終止條約（臺灣）

作者製作

共產主義陣營，也很少見地區主義的論述。但在歐盟等歐洲統合動向中產生出的反大西洋同盟契機、中東的泛阿拉伯主義與OPEC的石油管制聯盟動向、非洲整合的成功運動、還有亞洲各國以東協的成功為典範，紛紛強化地區認同，諸如此類對抗普世主義的動向，其實所在多有。但不管怎麼說，只要冷戰結構的力學還是最強而有力的國際政治驅力，那地區主義就會持續被封鎖壓抑下去。

不過要從大陸系統地緣政治學觀點來看美蘇對立的冷戰架構，並非完全不可能。蘇聯的行動模式，

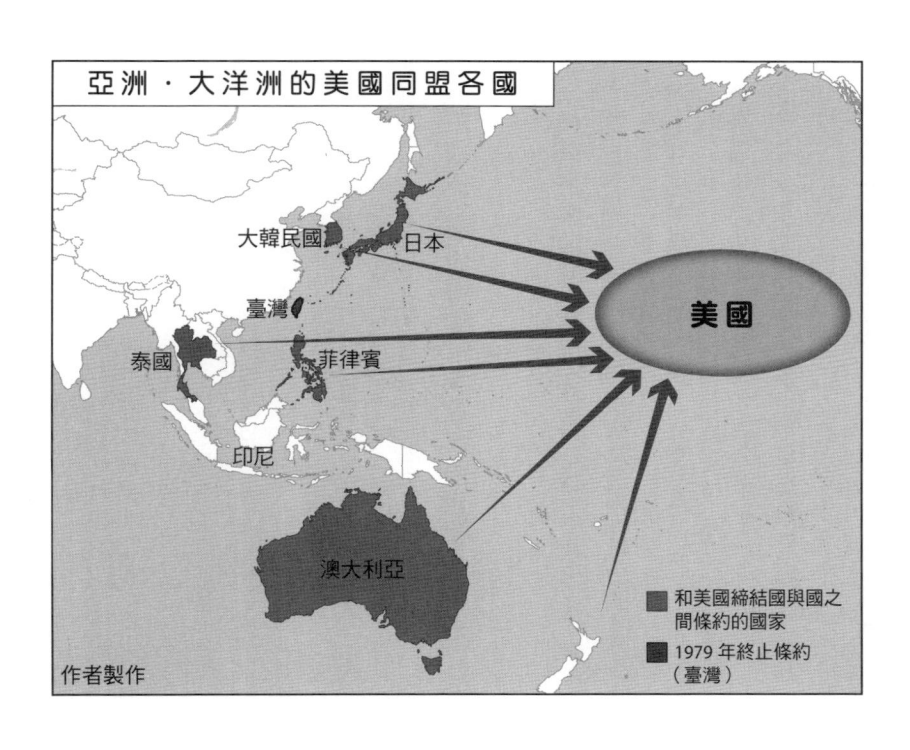

97　第五章　從地緣政治學看二十世紀的冷戰

其實和大陸系統地緣政治學的觀點有若合符節之處。

蘇聯這個政治共同體的存在，可說是把俄羅斯的勢力圈／大空間以制度化形式固定下來的產物。包括中亞與高加索等伊斯蘭教徒居住的地區，都可算是俄羅斯帝國的廣域化的領域，也就是俄羅斯的勢力圈／大空間。同時，加入華沙公約組織的東歐各國，也可算是隸屬蘇聯勢力圈／大空間的國家。

若從這種大陸系統地緣政治學的角度來看，作為門羅主義擴大版的冷戰時期美國同盟網絡，其實是地理上過度擴張的地區主義。北約只不過是美國擴張後的勢力圈／大空間而已。日本、韓國、澳洲與紐西蘭，也是以飛地形式，加入美國勢力圈／大空間的國家。

然而從大陸系統地緣政治學的角度來看，美國把自己的勢力圈／大空間擴張到歐洲、亞洲、大洋洲等等，這完全是不合理的。所謂「封鎖蘇聯的膨脹主義」云云，只是美國的自負罷了。相反地，美國退回到西半球世界中傳統的勢力範圍／大空間中，世界才能保持安定。從大陸系統地緣政治學看來，沒有比高唱全球化、普世主義價值觀的美國更大的麻煩製造者兼擾亂秩序要素了。

戰爭的根源：兩種地緣政治學的對峙與交鋒　98

第六章 冷戰結束後的世界與俄烏戰爭

冷戰結束這件事，若從英美系統地緣政治學的角度來看，是聯合海權封鎖大獲全勝、陸權陣營土崩瓦解的一個現象。即使從大陸系統地緣政治學的角度來看，也會認為這是蘇聯／俄羅斯對於以本國為霸權的生存空間／勢力圈／大空間之類勢力範圍的管理失敗，從而導致自我毀滅而產生的事態。

冷戰落幕，在法蘭西斯‧福山的洞察中視為「自由民主的勝利」，著眼於其抽象理念層面並加以論述的表現手法，這是把聯合海權封鎖政策的完全勝利，相較於此，即使在冷戰結束後的世界，仍以大陸系統地緣政治學來展開對比的，就是杭亭頓（Samuel Huntington）的「文明衝突」世界觀了。這種論述主張，以勢力範圍為基礎的世界對立架構仍然殘存著。

另一方面，「自由民主的勝利」則企圖在自由主義思潮的普遍化與自由貿易的全球

英美系統地緣政治學面對的課題

化的背景下，將根植於勢力範圍的思想加以封鎖。這種傾向在冷戰結束後，某種程度上變得日益強烈。

但從另一個角度來看，正是在「自由民主的勝利」的「歷史終結」時代裡，或許反而更容易產生像是「文明」這種強調人類認同紐帶的動向。

被稱為全球化的普世主義運動愈是強烈，反彈的動向也會變得益發顯著。於是為了和聯合海權的全球化相對抗，勢力範圍思想陣營則助長了「文明衝突」。

冷戰結束後的世界，就是「自由民主的勝利」與「文明衝突」相互糾結，最終也將點燃兩種相異地緣政治學對立的時代。

由於以蘇聯為盟主的共產主義陣營土崩瓦解，作為聯合海權的自由主義陣營，看起來已經達成了冷戰時代封鎖政策的目標。

依據麥金德的地緣政治學，心臟地帶國家採取擴張主義政策，對此聯合海權則採取封鎖政策，因此，「歷史的地理樞紐」會不斷轉動。若心臟地帶停止擴張，甚或縮小，

戰爭的根源：兩種地緣政治學的對峙與交鋒　100

冷戰結束是「自由民主的勝利」、也是「歷史的終結」，這從麥金德地緣政治學理論來說，是講得通的。

一九九〇年代初期的世界，常會使用「新世界秩序」這個詞彙。美國霸權獨大、全世界以活躍起來的聯合國為中心、跨越國境發展的全球化經濟⋯⋯用來表現這種「自由民主勝利」之印象的論述也相當多。冷戰剛結束後的一九九〇年代，這時期人們對地緣政治學問題的關心很顯著地低落。

二〇〇一年爆發了九一一恐怖攻擊後，當時的小布希總統擺出鮮明立場，強迫眾人二擇一，只能選擇我方或是選擇反對方，這就是所謂的「布希主義」。這種也可以稱為單邊主義的政策，在美國作為唯一超強國、擁有壓倒性力量的背景下，可以說是把門羅主義以來的美國外交政策，推上了某個頂點。布希主義這種善惡二元論的世界觀，跟傳統門羅主義當中，受上帝恩寵的共和主義諸國之「新世界」與受絕對專制主義汙染的「舊世界」，這樣的二元論頗為相似。

冷戰時期的杜魯門主義，是以自由主義陣營與共產主義陣營的二元論來加以呈現的。美國對於集體防衛領域這個作為本國安全保障政策的關心對象，常常是按照二元論

那「歷史的地理樞紐」就會處於停止狀態。在麥金德理論來說，這就是歷史停止不動。

101　第六章　冷戰結束後的世界與俄烏戰爭

的世界觀來加以決定的。「反恐戰爭」時代的布希主義，是將這種二元論的世界觀，轉變成國際社會自身與非領域性生存的恐怖組織及其支援者，這兩者間的割裂。具有領域性的政治角色，基本上都是站在國際社會一邊，而反對國際社會的勢力，則是以非領域者之姿存在。

事實上，二〇〇三年美國入侵伊拉克，招致了包含盟國在內的各國反彈，而之後的占領統治也很困難，這導致「全體國際社會和恐怖分子戰鬥」的反恐戰爭架構遭受挫折。之後就連在美國，也出現了歐巴馬總統的多邊主義，以及川普總統的美國優先主義。

然而，拜登總統的「民主國家 vs 威權國家」世界觀，又回到了傳統的二元論世界觀。與躍升超級強國的中國之競爭關係明確化、對入侵烏克蘭的俄羅斯擺出敵對態度等等，國際政治的動向很大程度是依循「民主國家 vs 威權國家」之架構進行的。雖然在「民主國家 vs 威權國家」之間，並沒有像冷戰時代自由主義陣營和共產主義陣營的對立般，畫出一條明確的界線，但國家之間的對立日益強烈，這個現象仍然十分清晰。

就在這種萌芽期或者過渡期的狀況中，當代對地緣政治學理論的關心開始復甦。只是，對「海權」而言，最大的威脅究竟是中國？還是集團化的中國與俄羅斯？又或者說，俄羅斯接連不斷讓人喘不過氣的逼迫，才是最明顯的威脅？因為視角未定於一，所以議

戰爭的根源：兩種地緣政治學的對峙與交鋒　102

論也頗為擴散。

大陸系統地緣政治學的復甦

一九九〇年代，人們高談「歷史的終結」與「自由民主的勝利」，而從此時起，因認同（identity）問題而起的地區性紛爭增加、以宗教為背景的恐攻事件頻傳、高舉保護主義的政治運動崛起，諸如此類的事態不斷出現。

冷戰體制結束後，歐洲原本應該恢復和平，卻出現了波赫戰爭這類始自民族集團間的紛爭，由此隨之成形了「文明衝突」的印象。杭亭頓一邊觀察波赫戰爭一邊談論「文明衝突」，此時他所意識到的是，雖然這種紛爭被認為是較容易發生於文明交界處，但其中也有相當程度的要素，是歐洲大國間政治的生存空間／勢力圈／大空間的殘餘。

在冷戰結束後的時代，關於俄羅斯的擴張主義政策方面，最受矚目的就是杜金（Aleksandr Dugin）。二〇二二年俄羅斯入侵烏克蘭後，以杜金為代表的「歐亞主義」（Eurasianism）思想影響又蔚為話題，畢竟杜金是位激進的合併烏克蘭主義者。

根據歐亞主義思想，在歐亞大陸的中央地帶，存在著具備共通文化紐帶的共同體。

杭亭頓的「文明衝突」

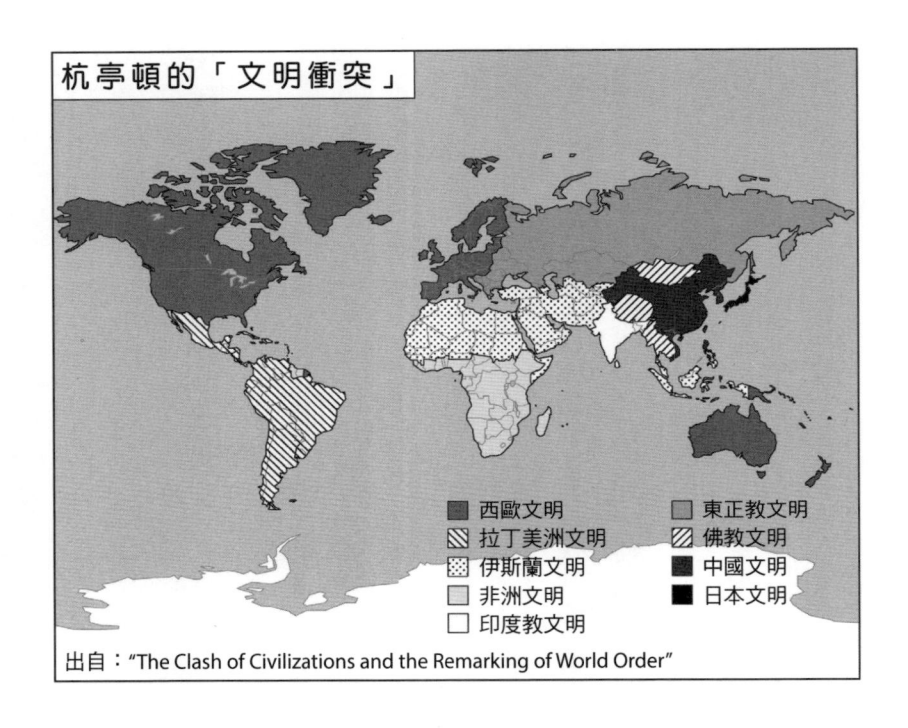

- ■ 西歐文明
- ◪ 拉丁美洲文明
- ▨ 伊斯蘭文明
- ▢ 非洲文明
- □ 印度教文明
- ▨ 東正教文明
- ▨ 佛教文明
- ■ 中國文明
- ■ 日本文明

出自："The Clash of Civilizations and the Remarking of World Order"

而在歐亞大陸中央，也存在著以俄羅斯為中心的廣域政治共同體。於是依據這種信念，不只是中亞各國與高加索各國，就連像烏克蘭這樣屬於東歐前蘇聯圈子的各國，都應該要參加以俄羅斯為盟主的歐亞主義運動。或者該說，它們參與其中，才是原本自然而然的樣子。

根據二〇二一年普丁發表的那篇有名的論文，《論俄羅斯人與烏克蘭人的歷史統一》，其認為俄羅斯人與烏克蘭人原本就具有民族的一體性，所以烏克蘭是俄羅斯的一部分。這篇重要論文和翌年的軍事入侵密切相關，其中再次展現了以

戰爭的根源：兩種地緣政治學的對峙與交鋒　104

普丁為首的俄羅斯人思想當中深植著一種信念，不管稱之為泛斯拉夫主義或歐亞主義都好，總之其認為：有一個以俄羅斯為核心的廣域民族、文化集團，存在於歐亞大陸的中央地帶。

普丁或者杜金，都視豪斯霍弗所謂的「生存空間」為不證自明，並對強制施行普世原則的國際秩序發起挑戰。各生存空間的霸權國，透過認可彼此的生存空間，方能達成國際社會的安定。緣此，若因冷戰結束與蘇聯瓦解，俄羅斯的生存空間減少，那麼將它奪回也是正當的。以歐美等國為首的世界各國若是不認可俄羅斯恢復生存空間／勢力圈的舉動，那反而是不當之舉。以普丁為首的眾多俄羅斯人，認真相信這種世界觀就是真理，於是發起戰爭。

普丁一再聲稱戰爭責任在於歐美西方國家。他不僅宣揚一種違背既定國際秩序的世界觀，更指控那些不認同這種世界觀的國家對俄羅斯犯下重罪。若從維持既定國際秩序的一方看來，普丁只是任性的恣意妄為，絕不能認可他的作為。《聯合國憲章》定下「主權平等」的原則，沒有留給生存空間／勢力圈／大空間這套思維任何的餘地；《聯合國憲章》定下「人民自決」的原則，意味著尊重構成國家政治單位的「人民」的「自決權」。這些原則，都不足以正當化普丁以烏克蘭人和俄羅斯人在民族上屬於同源為由，而要將

105　第六章　冷戰結束後的世界與俄烏戰爭

杜金的世界觀

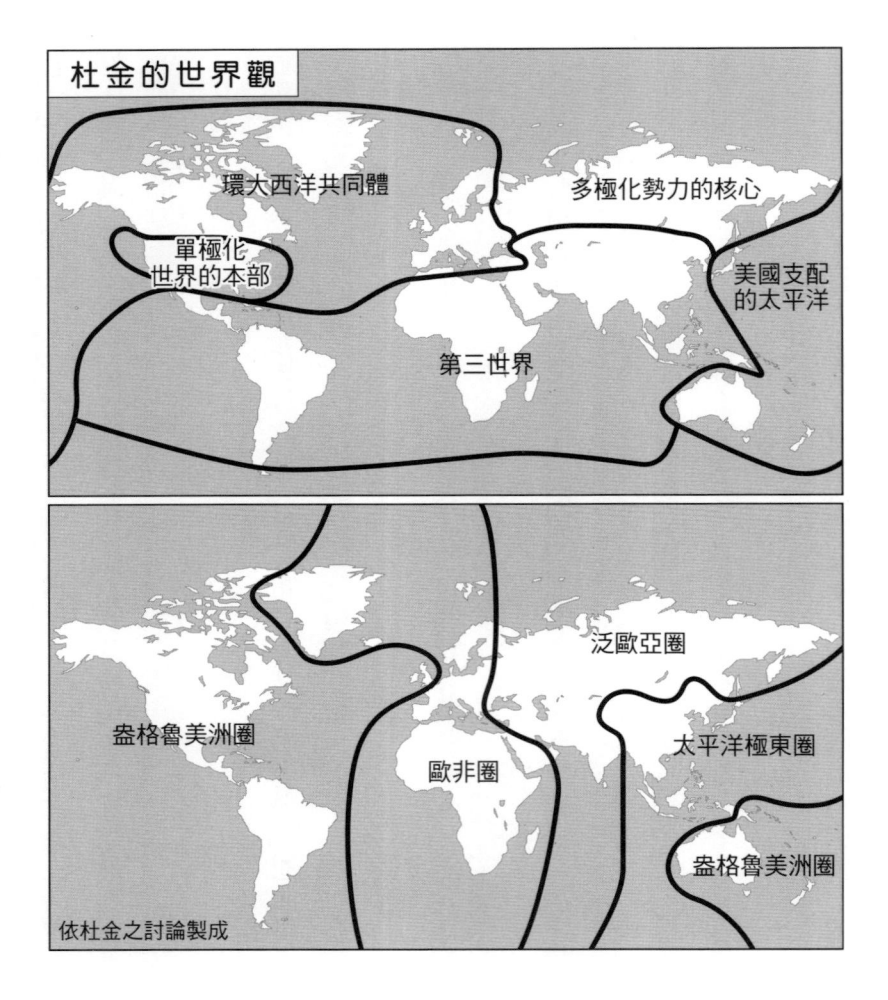

- 環大西洋共同體
- 多極化勢力的核心
- 單極化世界的本部
- 美國支配的太平洋
- 第三世界

- 盎格魯美洲圈
- 泛歐亞圈
- 歐非圈
- 太平洋極東圈
- 盎格魯美洲圈

依杜金之討論製成

烏克蘭併入俄羅斯的舉動。

《聯合國憲章》體制並不認可歐亞主義之類的思想。在先前的二十世紀，不管納粹德國的生存空間，還是大日本帝國的大東亞共榮圈，都在《聯合國憲章》體制所體現的世界觀面前土崩瓦解。

戰爭的根源：兩種地緣政治學的對峙與交鋒　106

北約東擴的問題

在俄烏戰爭的討論中，北約東擴成為備受關注的焦點。北約的加盟國數在冷戰結束時是十六國，現在則是三十國。在冷戰結束時，人們曾說北約失去了存在價值，但事實上它卻戲劇性地擴張了。

冷戰結束時的老布希政權與一九九三年上台的第一任柯林頓政權，對北約的擴張頗為消極。期望北約擴張的，是對持續處於「權力真空」狀態下感到憂心的東歐各國。但是，斯拉夫系的塞爾維亞人勢力、克羅埃西亞人勢力，以及伊斯蘭系的波士尼亞人勢力之間形成了波赫戰爭這樣悽慘的內戰，最終不由北約軍事介入就無法結束；是因為看到了這類的情形，所以到了一九九〇年代後半，北約擴張論者才日益占了優勢。

要說《聯合國憲章》體制是英美系統地緣政治學理論背書保證下的產物，是說得通的。俄烏戰爭這一事件帶有的性格，也呈現了英美與大陸系統地緣政治學理論間的齟齬。支撐在正式國際秩序背後，更多的是根植於英美地緣政治學理論的世界觀。至於大陸系統地緣政治學理論，則是擾亂這種秩序的要素。

在此，成為討論重點的是擴張的範圍。在不言明的默契下，北約擴張的對象設定在舊東歐圈各國，但要擴張到從前蘇聯共和國中獨立出來的各個構成國，則是一種忌諱。換言之，北約的擴張止步於前蘇聯的國境，這是不成文的規定。這也可以理解成北約和俄羅斯不直接接壤於同一條國境線上，而要在兩者之間維持一個「緩衝地帶」（buffer zone）。

例外的是愛沙尼亞與拉脫維亞（以及和俄羅斯屬地加里寧格勒接壤的立陶宛、波蘭），它們和俄羅斯接壤，卻又成功加盟北約。這波羅的海三小國，是由於其立場認為前蘇聯之併吞是歷史上的不當行為，且在蘇聯瓦解的過程中成功「恢復獨立」，所以才被當成例外看待。

而成為焦點的，是從前蘇聯分離、成為獨立國家的各國：歐洲的烏克蘭、摩爾多瓦、白俄羅斯，高加索地區的喬治亞、亞美尼亞、亞塞拜然，還有中亞各國。俄羅斯對北約往其他各國東擴都先靜觀其變，但二〇〇八年美國小布希政權提議讓烏克蘭與喬治亞加盟北約之際，普丁總統便猛然表達憤怒。以德、法為首的歐洲北約各盟國，也不打算變更北約不擴張到前蘇聯地區的這條不成文規定，所以小布希政權的提案未能實現。

小布希政權宣布展開「反恐戰爭」，並提出極具野心的政策，要將其軍事入侵的對

戰爭的根源：兩種地緣政治學的對峙與交鋒　108

象國家陸續民主化，出於這種印象，有某些人主張要將北約東擴理解成一種基於美國帝國主義政策的產物。但另一方面，按照「民主和平論」這一學說，民主國家之間不會發生戰爭，故輸出民主制度，正是讓和平廣布於全世界的政策；於是我們也能看見另一種，基於上述學說廣為人相信之後的理解，其認為北約東擴正是為了達成世界和平的手段。

但更正確來說，其實是當西方各國基於麥金德的英美系統地緣政治學理論而認知到東歐的重要性，也才同時認知到東歐各國持續處於「權力真空」下的危險性，所以最後北約才會持續東擴。

這時候，俄羅斯會感到不滿，是必然的定局。因此，作為一個調整方案，「北約不會擴張到前蘇聯地區」這條不成文規定遂應運而生。也就是說，一方面，作為聯合海權的北約持續擴張，以圖封鎖陸權，但另一方面，卻不擴張到俄羅斯外緣地帶的前蘇聯地區，這是考量到俄羅斯的生存空間／勢力圈而採行的政策。

其結果便是，從前蘇聯共和國中獨立出來的各個構成國存在於俄羅斯的外緣地帶，使此處實質上變成了一個「緩衝地帶」。在這種狀態下，白俄羅斯與中亞各國也選擇和俄羅斯保持良好關係──雖然還包含了其他微妙的原因──以配合維持國內的獨裁體

109　第六章　冷戰結束後的世界與俄烏戰爭

制。白俄羅斯一如字面上所言，是夾在俄羅斯與北約之間的國家，而他們持續保持著和俄羅斯外交政策的協調性。當北約盟國挾龐大軍力進入阿富汗的時期，中亞各國則也如字面上所言成為緩衝地帶。

處於緩衝地帶、卻反倒因此才捲入紛爭的地區，最典型的就是亞美尼亞與亞塞拜然之間，發展成國家紛爭的納卡戰爭。同樣涉及不被承認國家的地區，還有摩爾多瓦的德左、喬治亞的阿布哈茲以及南奧塞提亞等問題。

不只如此，隨著俄羅斯的介入，獨立共和國內出現不被承認的國家這類事態，成了這些地區共通的問題，而二○一四年以降烏克蘭東部地區的狀況，也是同樣類型。在原屬前蘇聯的非俄羅斯共和國地區，既有複雜的民族問題與國境問題，還有蘇聯時代移居的俄羅斯移民問題。這些地方可以說是位在俄羅斯外緣圓弧地帶、充滿不安定性的地區。

二○二二年爆發的俄烏全面戰爭，正清楚地展現了這種緩衝地帶之管理極為困難。烏克蘭的大多數人民，對二○一四年廣場革命爆發時表示不惜以武力介入的俄羅斯，疑心日益高漲。因此，他們明確採取了以加盟北約、歐盟為目標的政策。

按照國際社會的法律原則，烏克蘭有權決定自己所屬的國際機構，自是理所當然。

戰爭的根源：兩種地緣政治學的對峙與交鋒　110

北約各國雖然對烏克蘭相關事態的進展感到困惑與躊躇，但仍持續採取尊重這種權利的態度。普丁則將這種動向視作蔑視俄羅斯生存空間／勢力圈的行為，於是算準以美國為中心的北約各國從阿富汗撤退、威信低落的時機，採取以武力將烏克蘭置入「勢力圈」下的行動。

面對這種動作，以「攻勢現實主義」理論聞名的美國國際政治學者米爾斯海默，主張北約東擴正是戰爭爆發的原因，一下子蔚為話題。

米爾斯海默所謂「攻勢現實主義」理論，是以十九世紀歐洲的大國間政治為模型。這種模型套用到現代，在某種意義上就是不證自明地主張我們應該認可俄羅斯的「勢力圈」。

這類討論其實顯示了在俄烏戰爭背後，隱藏的是對國際社會整體架構的世界觀之爭。反過來說，米爾斯海默所展示的，其實也就只是這樣一回事而已。

但就算依循米爾斯海默，北約的東擴是不是一種失敗，還是個疑問。北約東擴的目的，是要守護處於「權力真空」狀態下的東歐各國免於威脅，這點即使到了現在，仍然有其成效。問題在於緩衝地帶的管理，而這點是北約與俄羅斯共同的失敗。

有報導指出，年邁的季辛吉在二○二二年五月的達沃斯論壇上斷斷續續說出的話

111　第六章　冷戰結束後的世界與俄烏戰爭

語，似乎跟米爾斯海默同調。季辛吉是「現實主義者」，也曾頻頻提及地緣政治學，於是從這些形象，很容易產生這種印象式的看法。

但實際拼湊季辛吉的言論之後，會發現實際狀況並非如此。季辛吉並不是天真地說，割讓領土就可以解決事態、把烏克蘭獻給俄羅斯就可以解決問題，云云。他所講的其實是，要坦率承認管理「緩衝地帶」之難，並強調了重新建構新秩序，以及形成新的權力平衡以支持新秩序的重要。是故，季辛吉基本上還是沿襲了英美系統地緣政治學的傳統。

只是，不論怎麼說，因為俄烏戰爭是爆發於東歐地區的大規模戰爭，而此處是麥金德地緣政治學理論所重視之地，所以喚醒了人們對地緣政治學的重新關切，這是事實。俄羅斯入侵烏克蘭給人一種強烈印象，那就是重新仔細審視地緣政治學理論，是急迫的課題。

戰爭的根源：兩種地緣政治學的對峙與交鋒　　112

第三部 從地緣政治學看日本的戰爭

在第一部中,我們從理論的觀點,梳理了兩種不同的地緣政治學。

在第二部中,我們看到了這兩種相異的地緣政治學,如何和歐洲的戰爭歷史相互交錯。

在第三部中,我會把焦點放在日本的歷史,考察這兩種相異的地緣政治學,和日本戰爭歷史之間的關聯。

第七章要指出的是,明治時期的日本,早在麥金德登場以前的時代,就已經搶先一步在外交政策上,採取了麥金德的理論。第八章是觀察一九三〇年代以降的日本,在外交政策上朝大陸系統地緣政治學轉向的過程。第九章則是討論二十世紀後半,日本的外交政策回歸麥金德理論。

第七章 從英美系統地緣政治學看戰前的日本

在本章中,我們要回顧明治維新以降開始踏上近代國家之路的日本,其所採取的外交政策,其實可以用麥金德理論來解釋,且具備合理性。但是明治時期日本的外交政策,並沒有受到麥金德理論的影響;事實上,在時間順序上正好相反,是日本的外交政策,影響了麥金德理論的登場。

孕育出麥金德理論的英日同盟

在日本,地緣政治學因為和大日本帝國時代的帝國主義政策彼此結合,所以在二戰後的時代被視為一種禁忌。正因如此,當地緣政治學在一九七○年代以降慢慢受到注目之際,它便以一種在戰後日本被禁止的「邪惡邏輯」之姿,被人們口耳相傳。原本被視

戰爭的根源:兩種地緣政治學的對峙與交鋒　114

為禁忌的歷史,搖身一變而成祕密宗教,倒成了特殊魅力的泉源。

可是,這種對日本地緣政治學接受史的理解,並沒有考慮到兩種相異地緣政治學的視角,因此會產生相當大的問題。由於一九七〇年代以降講到地緣政治學的代表性理論家,都會介紹麥金德,所以難免產生一種誤解,好像戰後被排斥的就是麥金德的代表性理論。但事實並非如此。這是因為,一九三〇、四〇年代,眾多日本知識分子注目的地緣政治學理論家中,並不包含麥金德。在日本,戰爭期間盛極一時,並在戰後遭排斥的,是以豪斯霍弗為代表的大陸系統地緣政治學。

有機國家論既可說是日德同盟的理論基礎,也是勢力圈思想的基礎,但隨著勢力圈思想之衰退,納粹德國的生存空間思想與大日本帝國的大東亞共榮圈思想都被視為禁忌。戰爭一結束,大陸系統地緣政治學就被視為禁忌,而以麥金德理論為代表的英美地緣政治學受到重視,這兩者表裡一體的關係,也成為戰後日本外交政策的特徵。

不過,日本並沒有強烈意識到兩種不同的地緣政治學,於是也並沒有很多人理解,把大陸系統地緣政治學當成禁忌,即等於是採用英美地緣政治學。對大陸系統地緣政治學的否定與對英美系統地緣政治學的肯定,是要在一九七〇年代以降,對地緣政治學之注目興盛的現象中,麥金德被引介為地緣政治學代表性理論家,而在這個過程中,人們

115　第七章　從英美系統地緣政治學看戰前的日本

才廣為接受這種理解。說起來，日本是追趕著現實國際政治的進展，才用這種形式有意識地接受英美系統地緣政治學。

要掌握這樣的事實，才能正確理解明治時期日本外交的性質。作為海權同盟的現代美日同盟，其意義可以用麥金德理論來明快地解釋；因此人們就假定，日俄戰爭前夕締結的英日同盟，也是依循著麥金德理論。但這恰好就產生了一種誤解，認為十九世紀末的英國與日本的外交主事者，都把麥金德的闡述聽進耳裡了。

但事實的順序正好相反。英日同盟並不是麥金德鼓動的，而是麥金德在執筆〈歷史的地理樞紐〉時，對英日同盟的現實進行了解釋。

英日同盟成立於一九〇二年，麥金德的〈歷史的地理樞紐〉則是在一九〇四年二月日俄戰爭爆發前夕以演講形式發表，並在戰爭爆發後刊行為論文。麥金德的母國英國放棄「光榮孤立」，和遠東的日本締結同盟關係，對抗俄羅斯南進政策。受此觸發，他對這件事的歷史、地理意義加以分析，才寫了〈歷史的地理樞紐〉。因為這和戰爭實際爆發幾乎是同時的，所以他的演講／論文一夕之間享大名。

麥金德地緣政治學理論，即陸權與聯合海權兩相對峙的原型，就是由引發日俄戰爭的英日同盟架構所形成。和俄羅斯同義的心臟地帶、以及由英日乃至美國所屬的外新月

戰爭的根源：兩種地緣政治學的對峙與交鋒　116

地帶，這些概念，也是具體意識到日俄戰爭當時實際存在的各國，才有的產物。大日本帝國的外交政策之決定過程並沒有受到麥金德影響，相反的，是麥金德受到當時日本外交政策的影響。

日本的地緣政治學素養

那麼我們可以說，明治時期的日本領先麥金德，已經建構了地緣政治學的理論嗎？

答案既是「是」，也是「否」。

麥金德對大國之間關係的說明與洞察，基本上是存在於島國英國與日本的外交主事者心裡的，所以他們才會掛心俄羅斯南進政策，並締結英日同盟。但這是他們分析一九〇二年當時甲午戰爭後遠東情勢的時局才得到的結論，卻並沒有昇華成「歷史的地理樞紐」這種具有普遍性的理論。

不只如此，在一九〇二年的日本政府內，也有勢力主張要與俄羅斯保持和睦，且這條路線直到最後都仍屹立不搖。雖然最終，按照首相桂太郎與外相小村壽太郎的主張，推動了英日同盟締約，但就連他們倆，一開始也打算追求既與俄羅斯和睦、又和英國同

117　第七章　從英美系統地緣政治學看戰前的日本

盟的並行路線。

與俄羅斯交涉的協議，因為俄方的強硬態度讓日方愈來愈悲觀，但最後具有決定性意義的，是英國強烈要求日方在清算與俄羅斯的關係之後締結同盟條約。其結果，就形成了海權同盟封鎖陸權這種依循麥金德理論的狀況。

雖然說，麥金德有體系地解說的那種世界觀，也存在於英國外交當局的認知裡，但不論如何，和歐洲境外國家結為同盟，對英國而言可是初次的嘗試。

長期以來，英國在歐陸大國政治之中都只選擇作為一個平衡者的路線，對他們而言，在歐洲列強加以殖民地化的遠東，和日本這種非歐洲大國締結關係，這需要有前所未見的發想才能做到。

直到十九世紀末為止，整個世界都成為歐洲列強殖民的對象，歐洲國際社會的地理範圍，以全球規模在擴張。這當中必不可缺少的外交政策，就是作為歐洲海權國的英國，要和遠東海權國日本建構同盟關係，以便在地理上超越歐洲的場域中，也能封鎖陸權擴張。儘管英國的外交當局沒有前例可循，但在分析過同時代的狀況後做出了這樣的判斷；而麥金德則是將這種判斷，昇華成了具有普遍性的理論形式。所以，光是依循英美系統地緣政治學的傳統，來談論地緣政治學對日本的影響，其實會失焦。說得更清楚

一點：日本，才正是在英美系統地緣政治學的誕生過程中，扮演了不可或缺的角色。明治時期之前的日本列島，就已長期處於強力集權政府的統治，與群雄割據內戰不斷循環的時代。

考慮地理狀況的同時，也要將軍事力量往外推伸，同時推進外交政策，這樣的態度對戰亂時代的武將而言，是理所當然的。德川家康能終結戰國時代，樹立強力中央集權政府，就是一面在關原會戰等重要戰爭中活用地形展開軍事力量，同時運用多采多姿的外交手段，與各種不同背景的武將群締結同盟關係，才以此開拓了勝局。明治維新成功的決定性關鍵，不用說，也是階段性發展出來的、以薩摩藩和長州藩為中心的雄藩間同盟關係。

帝國主義時代國際政治在歐洲大國之間盤根錯節地展開，這對日本人來說，卻並非迥然不同的另一個世界才會發生的事情。即使從當時日本政治家與外交官對國際政治的情勢分析與政策判斷來看，我們也可以清楚發現，不用等到麥金德出現，他們就已經自然而然地具備了地緣政治學的發想。

在明治維新後的外交政策論爭當中，一八七三年的征韓論相當有名。原本要作為全權使節被派遣到朝鮮的西鄉隆盛等人，因為這場論爭而被命令延期出發，後來這一群人

119　第七章　從英美系統地緣政治學看戰前的日本

下野之後，遂演變成一八七七年的內戰西南戰爭，足見這場論爭對日本國內的戰亂有很大的影響。正是因為人們認知到，與朝鮮樹立外交關係，在和歐洲列強對峙上至關重要，所以才會有這場大論爭。

原本，從明治維新之前開始，就有文明開化派和尊王攘夷派的對立。勝海舟從幕末時期開始，就主張清朝、朝鮮、日本應該組成三國同盟對抗歐美列強，因此反對甲午戰爭，這件事相當有名。但是明治政府確立了脫亞入歐路線，不久後日本便在甲午戰爭中排除了清朝對朝鮮半島的影響力，接著又在日俄戰爭中，排除了俄羅斯對朝鮮半島的影響力。就這樣在一九一〇年，朝鮮半島被合併成為大日本帝國的一部分，但這讓日本害怕被其他大國納入勢力圈中，因此行使軍事力量，運用外交手段，不知不覺便陷入帝國主義那種擴大自身勢力圈的政策當中。這種模式是當時歐洲大國間政治中司空見慣的景象。

重要的是，從很早期的階段開始，明治時期的日本政治家們就已經認識到，朝鮮半島是攸關生死存亡的重要地區。日本人並不是接觸到麥金德的「橋頭堡」概念，才察覺到朝鮮半島的重要性；事實上可以說，麥金德是看到日本開始邁向大國的動作，才把「橋頭堡」的重要性加以一般理論化。

戰爭的根源：兩種地緣政治學的對峙與交鋒　120

同樣的狀況，在面對臺灣的方面也若合符節。對日本這個島國而言，從西南群島到臺灣島的島嶼地帶，其歸屬去向攸關著自身生死存亡的利益，這是不證自明的。明治政府的有力政治家當中，也有很多人都是強烈關心東海狀況的薩摩藩出身人士。從一八四七年出兵臺灣，到一八九五年甲午戰爭締結馬關條約，最後讓清朝割讓臺灣島與澎湖群島，這一整段來龍去脈，展現了日本在東海的島嶼地帶，看到了攸關生死的國家利益這個事實。

日本透過甲午戰爭，成功將朝鮮半島與臺灣從清朝勢力圈切割出去，他們覺得合理的外交政策，並不是聯手清朝對抗歐美大國殖民主義，而是作為海洋國家，排除大陸大國在島嶼地帶與半島的影響力。不用等到麥金德地緣政治學的一般理論解釋，日本就已經採取了作為海權國的行動。

就像前面已經看到的，原本麥金德自己並沒有把他的討論當成是一種地緣政治學。麥金德的地緣政治學理論，就只是重視地理條件，對國際政治進行分析，並判斷外交政策合理性的視角而已。毋寧說，這種視角的目的，是為了分析與其同時代的英國及日本實際採取的外交政策之合理性並加以評價。

121　第七章　從英美系統地緣政治學看戰前的日本

日本涉足大陸的地緣政治學意義

日俄戰爭中，日本靠英國支援與美國調停獲得了勝利，而這也與麥金德地緣政治學之興盛有關，其洞察了海洋國家聯合的合理性。

不過，麥金德理論還帶有對十九世紀大博弈的鮮明記憶，並且是透過將日俄戰爭前夕的國際政治情勢給一般化，才建構起來的，於是這理論與其說對政策產生了影響，不如說是一種現實分析的產物。麥金德在實際的外交社群中，不見得擁有眾多的忠實信奉者。因此，日俄戰爭後的國際政治，也不見得是按照麥金德在〈歷史的地理樞紐〉中所論，照單全收地發展。

隨著位在歐洲中央、擁有最多人口的德意志帝國力量持續膨脹，擴張主義傾向也日益顯著，英國開始與法俄展開協調，採取封鎖德國的政策。此時就連對日本而言，俄羅斯也已經不再是假想敵。在一戰爆發後，日本站在英法俄的協約國陣營參戰，並把關心重點放在奪取德國在太平洋上的權益。

一戰後的一九一九年，麥金德撰寫了《民主的理想與現實》，其分析世界大戰，認為這是為防止已成為陸權霸主的德國，掌握東歐全境而展開的戰爭。這種洞察確實是和

麥金德在〈歷史的地理樞紐〉以降的一般理論相吻合，也就是陸權與海權會以世界規模展開衝突。

但是，此時心臟地帶的俄羅斯之重要性已明顯低落，故麥金德在這本書中也接受了這個現實，並進行大規模的修正。「控制東歐就控制了心臟地帶，控制心臟地帶就能控制世界島，控制世界島就能控制世界」──麥金德的這句名言不是針對一九○四年，而是在一九一九年的時局分析中體會到的認知。麥金德推定第一次世界大戰是為了防止德國掌握世界而展開的，而這句則是他對一戰進行總結之後，再觀察一九一九年當時的國際局勢之後所說出的話。

意圖成為歐洲霸權的德國，與防止此事的海洋國家聯合，這樣的構圖，從地緣政治學理論觀點來看，也是國際聯盟的意圖。美國總統威爾遜推銷戰爭違法化、民族自決、集體安全保障的成套措施，意圖革新國際安全保障體系。結果這個嘗試失敗，沒能防止二戰爆發。但是即使如此，二戰的爆發，還是由於一九三九年德國攻進東歐的波蘭時，英法這兩個主責國際聯盟的理事國發動了集體安全保障才開始的。換言之，國際聯盟意圖確立的目標，也就是國際安全保障的架構，還是存在的。

日本作為一戰主要戰勝國，成為了國際聯盟的理事國，但他們實際上並無意參加

第七章 從英美系統地緣政治學看戰前的日本

歐洲的集體安全保障，取而代之的是熱中於在東亞確立自己的勢力圈。成為大國的日本，其存在對於同樣意圖在太平洋地區確保自身影響力的美國來說，是個眼中釘。在一九二一年的華盛頓會議中，英、日、美、法四國締結條約之際，英日同盟不再更新並解除，其背景就是美國警戒日本而對英國施加壓力所致。

在華盛頓會議中，日本政府代表團以海軍大臣加藤友三郎為首席全權大使，並以美日和睦路線為基調，致力締結與英美間的裁軍條約。由於美國態度強硬，日本遂被迫接受其要求，於是實際上在一九二二年締結《華盛頓海軍條約》的時候，日本主力艦的保有比例，不得不被定為英美的六成。先前在一九一七年美日間締結的《藍辛—石井協定》中，其雖然不認可日本確實保有在中國大陸的勢力圈，卻取而代之地認可了日本在中國大陸有「特殊利益」；但這個協定在華盛頓會議中也被決議毀棄了。接著，為了強調中國的門戶開放政策，日本和中華民國簽定了《解決山東懸案條約》，將山東省和膠濟鐵路歸還給中華民國，同時也撤退駐紮在山東半島和漢口的兵力。

就像這樣，日本不斷摸索著如何與一戰後擁有世界最強國力的美國親睦的路線，相對於此，美國則一直採取毫不隱藏警戒心的態度。日本意圖與位在太平洋對岸、成為世界第一強國的美國維持合作，相對於此，美國則認為交換條件，就是要瓦解日本在東亞

戰爭的根源：兩種地緣政治學的對峙與交鋒　124

勢力圈的確立。最終結果是，華盛頓會議後太平洋的國際秩序體制，是以美日英或再加上法國的四國間結構性利益衝突為前提，將微妙的權力關係均衡包含其中；但這《四國公約》並不具備代替英日同盟的機能。

不管怎麼說，一戰後的國際情勢中，都少了由四國共同封鎖的陸權的威脅；也就是說，德國的軍事威脅已經不存在。但走向革命、蛻變成蘇聯的俄羅斯，因為不斷輸出共產主義意識形態，所以又變成了共同的威脅。也正因此，一九一八年以降，四大國共同參與了對西伯利亞的出兵。但是，因為革命戰爭而疲弊的蘇聯，明顯沒有採取擴張主義的餘地，因此也不構成軍事威脅。

對西伯利亞出兵，反而是日本開始擁有陸權特質，讓人掛心的事件。出兵西伯利亞的主力是日軍，在大陸上形成了由日本實際占領的地區。日本雖然和美國取得協議，將派兵人數限制在一萬兩千人，實際上卻動用了七萬三千名大軍。儘管隨著一戰終結，各國軍隊都陸續撤兵，但只有日軍仍然繼續駐留，不只如此，還違反了國際協議，跨越海參崴持續進軍。最終，日本的占領地一路擴大到了貝加爾湖西部的伊爾庫次克。這是讓一戰時的協約各國，特別是美國，對日本深感懷疑與擔憂的嚴重事態。

一戰後的東亞不存在主要的陸權，而原本應當擔綱聯合海權之一翼的日本，卻朝大

出兵西伯利亞時日本進攻路線

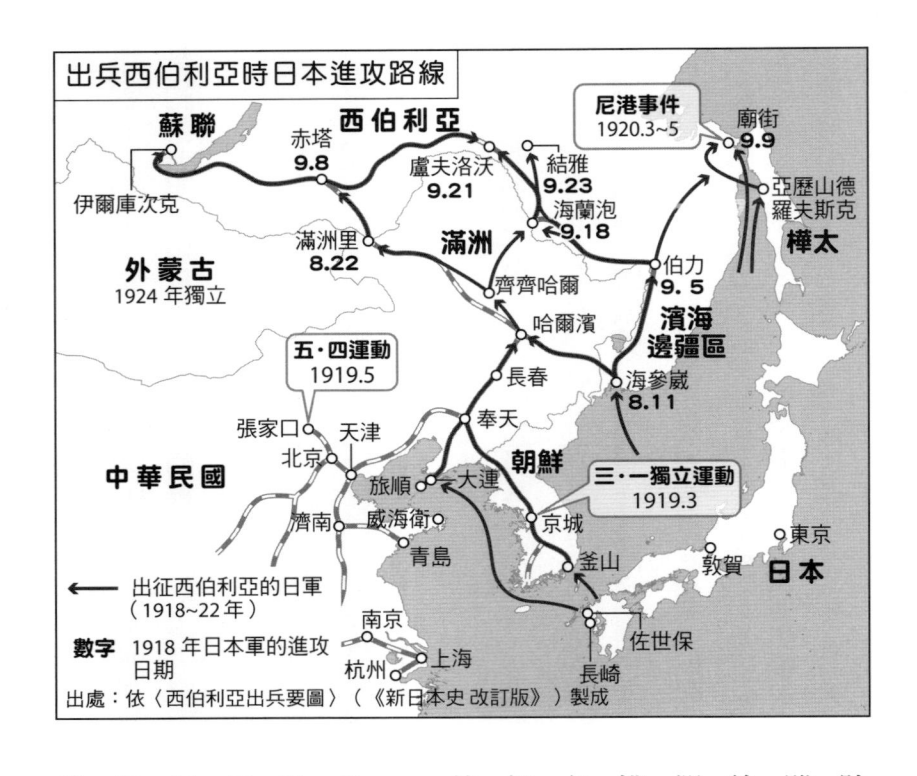

- 蘇聯／西伯利亞／赤塔 9.8／盧夫洛沃 9.21／結雅 9.23／海蘭泡 9.18／廟街 9.9／尼港事件 1920.3~5／亞歷山德羅夫斯克／樺太
- 伊爾庫次克／滿洲里 8.22／滿洲／齊齊哈爾／伯力 9.5／濱海邊疆區
- 外蒙古 1924年獨立／哈爾濱／海參崴 8.11
- 五・四運動 1919.5／長春／奉天
- 張家口／天津／北京／旅順／大連／朝鮮／京城／三・一獨立運動 1919.3
- 中華民國／濟南／威海衛／青島／釜山／敦賀／東京／日本
- ← 出征西伯利亞的日軍（1918~22年）
- 數字　1918年日本軍的進攻日期
- 南京／上海／杭州／佐世保／長崎

出處：依〈西伯利亞出兵要圖〉(《新日本史 改訂版》) 製成

陸擴張權益。日本擺出的態度，雖然好像是依循所謂麥金德理論、重視聯合海權，可實際上，卻覬覦著主要陸權消滅後產生出權力真空，並在大陸上採取擴張主義政策。結果，日本變成了類似擴張主義的陸權國家，招致了其他海權國家的懷疑。

從日本的角度來看，他們只是想仿效歐洲列強在大陸的行動，確保本國權益而已。或者說，日本因為人口膨脹大傷腦筋，所以在大陸尋找新的移民去處；而促使他們採取這種行動的，也是美國對亞洲移民的限制。

戰爭的根源：兩種地緣政治學的對峙與交鋒　126

可是不管怎麼說，日本做出的陸權行動，讓意圖形成一戰後嶄新國際秩序的美國，及以美國為中心的各國，把日本當成國際秩序的挑戰者，深感戒心。日本被權力真空所吸引，合併韓國、占領西伯利亞，卻對自己國家的行動所抱持的含義並無自覺。究竟該依循麥金德理論，作為一個澈底維持海權行動的島國？還是該採取擴張主義政策，以新的陸權之姿確立本國的勢力圈？日本的政策制定者被逼迫面對這種二擇一的政策選擇。

一九二九年經濟大恐慌爆發後，各國都致力於確立所謂的貿易圈。之後在一九三〇年召開的倫敦海軍軍備會議上，日、美、英締結了限制輔助船艦建造的裁軍條約。面對日本政府打算遵守輔助船艦數量維持英美的69・75％這項條約，在野黨和軍部在國內發起了爭論，也就是所謂「侵犯統帥權問題」。

早在一九二八年締結《非戰公約》之際，就已經掀起過一波討論，認為政府以「人民」之名、締結條約將戰爭視為違法，這是侵犯大日本帝國天皇大權的行為。到了《倫敦海軍條約》，主張這是干預日本國內統帥權的聲浪更是甚囂塵上。

一九三一年發生的滿洲事變是由軍部勢力所引起的，其謀畫讓日本成為東亞最大的陸權。對此，國際聯盟在一九三三年二月的臨時大會上，以四十二比一通過了呼籲日本從滿洲撤兵的提案。美國也打出了史汀生主義，即不會追認違反非戰公約締造的現實，

也絕不承認滿洲國。退出國際聯盟的日本，在一九三三年以降，放棄了對美親睦主義的外交政策。接著在一九三六年，他們也退出了《倫敦海軍條約》。

在日本國內，對美強硬派的勢力日益增強，隨之而來的是不惜追求與美國對立的外交政策。接著，日本開始脫離聯合海權，取而代之的是致力確保自身作為東亞最大陸權的地位。之後，日本持續追求在大陸建立陸權的擴張政策，朝著在東亞確立本國勢力圈的大東亞共榮圈構想筆直邁進，最後就陷入與英美軍事衝突，導致二戰慘劇的架構之中。

說起來，日本做出的政策判斷，就是趁著一戰後國際情勢的結構不安定的機會，往擴張主義推進。這種政策判斷若從地緣政治學的觀點來描寫，就是日本放棄了按照麥金德地緣政治學當中所定義的海權來行動。同時，這也是在挑戰美國的馬漢所說命題：「不管哪個國家，都不可能同時掌握陸權和海權。」

第八章 從大陸系統地緣政治學看戰爭期間的日本

前一章從地緣政治學理論的觀點,描繪了至日俄戰爭時期為止,以海權姿態持續展開對外行動的明治時期日本,以及,一戰以降的時期,開始具備陸權性質的日本。

這段過程可以概括為:早在麥金德理論出現之前時代,日本都依循著所謂英美系統地緣政治學理論之洞察來行動,卻最終放棄了這傳統的姿態。

在本章裡,我將會分析:隨著這選擇而必然發生的、日本對大陸系統地緣政治學所產生的強烈關心,以及,可以說是發生在兩種相異地緣政治學轉變之間的日德締結同盟與對英美戰爭的歷史。

大陸系統地緣政治學降臨日本

在日本國內有一股勢力高喊侵犯統帥權，並持續批判政府在《華盛頓海軍條約》、《非戰公約》、《倫敦海軍條約》中一連串的對美親睦路線，自然而然地，他們會想要一個非麥金德理論的地緣政治學。早在一九二○年代，契倫的著作就已經被翻譯，這種大陸系統地緣政治學理論遂以「Geopolitik」的名義被介紹到日本。

在學術研究的領域裡，小川琢治與飯本信之等人，把國家有機論與世界規模的白人與有色人種之間的對立結合起來理解，並加以討論，與此同時，他們對「Geopolitik」的關心也日益強烈。這種關心，之後被小牧實繁與村上次男等京都帝國大學的皇道主義地緣政治學研究者所繼承。

小牧實繁和軍部有所關連，且著作甚豐。《日本地緣政治學宣言》（一九四○年）、《日本地緣政治學》（一九四二年）、《世界新秩序建設與地緣政治學》（一九四四年）等著作，以及〈大東亞之地緣政治學概觀〉（一九四二年）、〈皇國日本的地緣政治學〉（一九四二年）、〈豪斯霍弗論〉（一九四三年）、〈大東亞集結的本義〉（一九四四年）等論文中，他發展出「皇戰地誌」的討論，並以啟發、啟蒙運動家的身分，具有很

大的影響力。雖然隨著終戰，小牧從京都帝國大學辭職，但仍被GHQ指定為公職追放的對象，而之所以會廣泛地形成「地緣政治學在日本受到禁止」這個印象，小牧也在其中扮演著重要角色之一。

另一方面，在小野塚喜平次、神川彥松、藤澤親雄等政治學者之間，也在一九二〇年代開始廣為關注契倫。特別是神川，他的討論將有機國家論連結到了對英美主導之國際秩序的不信任，且在二戰之後仍進行許多國粹主義的討論，並高唱日本國憲法是「美國強加的憲法」，應當無效，是位存在感相當強烈的人物。他的定位相當讓人玩味。

豪斯霍弗以一九二四年開始發行的《地緣政治學雜誌》為舞台，積極標榜並推動「Geopolitik」，而他的問題意識也包括思考英美主導的國際秩序之下日本外交政策是否妥當，因此豪斯霍弗受到許多日本人關注，也是理所當然的。阿部市五郎《地緣政治學入門》（一九三三年）、江澤讓爾《地緣政治學概論》（一九四三年）與《國防地緣政治論》（一九四四年）等，這些內容都是依據豪斯霍弗的大陸系統地緣政治學寫成的。

本來，豪斯霍弗在一九一三年，便寫下名為〈關於日本的軍事力量、在世界上的地位，以及將來之考察〉的博士論文，由此可知，他對日本抱持著強烈的關心。

據傳，豪斯霍弗以德國駐日本武官的身分居住在京都的時候，曾經加入過名為「綠

龍會」的神道系統祕密組織，他本人的神祕主義色彩也很強烈，還與那些警惕金融資本並精通國際政治陰謀論的人際網絡有所交流。豪斯霍弗在思想上的獨特特質，也能通向日本國粹主義勢力。

按照豪斯霍弗的地緣政治學理論，德國、俄羅斯、日本，在歐亞大陸上分別保有各自的勢力圈，並透過這種方式，在英美主導的國際秩序中打出破口。對於討論侵犯統帥權問題、批判對美親睦外交政策的日本軍部與右派勢力而言，豪斯霍弗的理論，正可以取代麥金德理論，成為外交政策理論的支柱。對一九三三年退出國際聯盟，亦即脫離聯合海權同盟體制的大日本帝國而言，豪斯霍弗的討論認可西太平洋及東亞地區為日本的生存空間，故特別具有魅力。

而不只是思索大陸擴張主義政策的軍部勢力，就連推進國家總動員體制與國家管制經濟的革新官僚當中，也出現了不少人強烈關心以豪斯霍弗為代表、把有機國家論當成基調的大陸系統地緣政治學。

近衛文麿的論文，如一九一八年的〈排除英美本位的和平主義〉等受到了軍部的好評，他並在一九三七年就任首相，和智庫「昭和研究會」的成員也走得很近。東京帝國大學法學部的蠟山政道，就是昭和研究會的代表性論客，他在一九三八年發表了一篇對

大東亞共榮圈構想有重大影響的論文〈東亞協同體之理論〉，當中，就頗著眼於豪斯霍弗的地緣政治學。同樣從地緣政治學觀點討論大東亞共榮圈構想的，除了小牧實繁的一連串作品外，還有西村真次《大東亞共榮圈》（一九四二）等。一九四〇年代初期，企畫院的毛里英於菟以鎌倉一郎為筆名，展現充沛的執筆活力，他也一邊引用豪斯霍弗，一邊主張要透過建設滿洲國或東亞共榮圈，來和英美舊勢力的海權訣別。標榜亞洲主義的石原莞爾，在一九四〇年發表了《最終戰爭論》，討論作為白人世界代表者的美國，與作為有色人種代表者的大日本帝國之間的衝突。

大日本帝國於一九三三年退出國際聯盟，一九三六年也退出了《倫敦海軍條約》，澈底從聯合海權的華盛頓體系中脫離，並在一九三六年締結了日德《防共協定》，同時，除了一邊探索與納粹德國該如何合作，也在一九三七年展開了中日戰爭。和德意志締結同盟條約一事，雖然受到一九三九年《德蘇互不侵犯條約》所動搖，但一九四〇年終究確立了日德義三國同盟。之後日本就在一九四一年，以對英美奇襲攻擊的方式展開了太平洋戰爭。

往大陸展開擴張政策、和歐洲大陸國家建立同盟關係、與其他海洋國家展開軍事衝突，這些只能說是已經脫離了麥金德理論。上述動向背後的理論支柱，是以豪斯霍弗

代表的大陸系統地緣政治學「Geopolitik」。

戰後視地緣政治學為禁忌，與接納德意志思想的傳統

二戰終結後，豪斯霍弗在德國被冠上了戰犯嫌疑人。在日本，那些參照豪斯霍弗地緣政治學理論、推動大東亞共榮圈的人們，也都被冠上了戰犯嫌疑人。

由美國主導的GHQ認為大陸系統地緣政治學是日本對外擴張主義的理論基礎，是一種危險的思想。在日本人當中也出現了反省之聲，他們討論過往對豪斯霍弗系統的地緣政治學之接受，並將之連結到正當化對外擴張的軍國主義。因此，在戰後的日本，傾向於把曾經廣為流傳的豪斯霍弗及「Geopolitik」式地緣政治學都視為禁忌。

就像前面所見，這是只適用於成為擴張主義基礎的大陸系統地緣政治學的歷史事實。GHQ並沒有理由警戒麥金德的理論。然而，在戰前日本，只要提到「地緣政治學」，指的就是以豪斯霍弗為代表的Geopolitik。所以，在戰後的日本，只要是冠上「地緣政治學」這個名號的東西，全都會被看成是怪異的危險思想與禁忌。

實際上，戰後日本的外交安全保障政策，是以和美國間的《安保條約》為基礎進行更

戰爭的根源：兩種地緣政治學的對峙與交鋒　134

新的，而這《美日安保條約》則經過斯皮克曼的地緣政治學加以補強。我們可以說，這是一種厭惡大陸系統地緣政治學，並透過英美系統地緣政治學重新建構理論基礎的動向。但是，當地緣政治學被視為禁忌的風潮蔓延開來，此時，外交安全保障政策卻反而是基於不能公開談論的地緣政治學理論一樣。

這種地緣政治學與戰後日本外交安全保障政策間的微妙關係，在以憲法學為中心的知識分子階層間，在其根深柢固的疑美心態下，呈現出更複雜的樣貌。以憲法第九條為根據、甚至帶有點非武裝中立主義傾向的和平主義，若說這是「表之國體」的「顯教」，那麼以《美日安保條約》為代表的外交安全保障政策，就可說是「裡之國體」的「密教」了。這時候，甚至是原本堪稱日本外交安全保障政策理論基礎的英美系統地緣政治學理論，也被看成是「密教」，是不能公開談論的一種教義。

說起來，日本學界原本對美國思想傳統的研究關心程度就很薄弱；相反地，歐洲的影響則根深柢固，特別是在憲法學這類法學領域上，德意志思想的影響就特別顯著。

在這種學術領域中，以國家有機論為代表的大陸系統地緣政治學思想傳統很強烈，反美主義的意識形態傾向也很顯著。因此，在實務上屬於密教的「裡之國體」，與學界中視為顯教的「表之國體」，兩者彼此矛盾，卻又各自並存的狀況，長期以來一直持續著。

第九章 作為戰後日本密教的地緣政治學

二戰後美國的外交安全保障政策，可以用斯皮克曼的地緣政治學理論來清楚地解釋。雖然它是麥金德理論修正發展後的產物，但對美國而言，要將原本局限於西半球世界這個地理範圍的門羅主義，修正發展成適用於冷戰時期世界規模的杜魯門主義，這樣的理論是必要的。透過斯皮克曼，美國獲得了能以世界規模展開、成為本國外交安全保障政策基礎的地緣政治學理論。

斯皮克曼理論跟麥金德理論一樣，把美國設定在海權的位置上，強調封鎖陸權擴張主義政策的重要性。但特別值得一書的，是歐亞大陸外緣部分，也就是邊緣地帶的歸趨。

這個地區如果成為特定陸權的勢力圈，那麼美國不只會缺少和大陸的接點，也會被當成邊陲島國而遭到封鎖。在這種認知下思考日本的地理位置，就會看出它作為接近大陸的島國、作為位處邊緣地帶的海權國家的重要性。事實上，斯皮克曼早在戰爭期間，就

戰爭的根源：兩種地緣政治學的對峙與交鋒　136

已經認知到將來跟日本攜手合作,對美國的世界戰略有極大重要性。

斯皮克曼地緣政治學與日本國憲法

二戰後,美國透過雙重架構,將日本納入自己的外交安全保障政策下。

雖然實際上有必要和蘇聯進行交涉,但基本上在《波茨坦宣言》履行完畢、締結《舊金山對日和約》後,日本就被招進了聯合國,亦即加入《聯合國憲章》第七章集體安全保障中所設定的,以聯合國為中心的安全保障體制。只是,光靠集體安全保障,仍不足以充分保障本國的安全。

因此日本又以《聯合國憲章》第五十一條規定的集體自衛權為依據,加入了同盟體制,這就是《美日安保條約》體制。在美日締結的這種雙重安全保障制度當中,第二個的美日同盟體制以集體自衛權為依據,可以說是一種依循麥金德與斯皮克曼理論,建構起來的聯合海權。

美國首先做的是實施終結戰爭的《波茨坦宣言》,對日本進行占領統治,且不只針對日本的國內制度,也將外交政策給徹底刷新,從而將日本納入國際性集體安全保障體

137　第九章　作為戰後日本密教的地緣政治學

制當中。

從今天的角度來看,日本成為聯合國會員這件事,或許會給人一種無須多提、理所當然的感覺。但是考慮到大日本帝國退出國際聯盟,踏上挑戰戰國際秩序的侵略國家之路等這一連串來龍去脈,要讓日本進入同盟國所形成的國際安全保障體制當中,在一九四五年的當下,是絕不可輕視的重要政策目標。

日本與同盟國之間的戰爭,在日本以國家身分正式接受並締結同盟國發出的《波茨坦宣言》之後畫下句點。在《波茨坦宣言》中,規定日本必須放逐戰爭指導者,同時在成立新的「自由且負責之政府」之前,都要由同盟國持續占領。

美國、英國、中華民國,出於「非將負責之窮兵黷武主義驅出世界,則和平安全及正義之新秩序勢不可能」的立場,要求「直至如此之新秩序成立時,及直至日本製造戰爭之力量業已毀滅,有確定可信之證據時,日本領土經盟國之指定,必須占領,俾吾人在此陳述之基本目的得以完成」。

宣言中也明記:「上述目的達到及依據日本人民自由之意志成立一傾向和平及負責之政府後,同盟國占領軍隊當即撤退」。伴隨終戰開始的同盟國占領體制,目的就在斷然進行日本國內制度與外交政策的各項改革,並樹立一個「依據日本人民自由之意志」

的「傾向和平及負責之政府」。

一直以來都有個廣泛的誤解，那就是《波茨坦宣言》要求作為國家的日本無條件投降，但並非如此。被要求無條件投降的，是大日本帝國軍。日本軍部才是擾亂國際秩序，主導對外軍事擴張主義政策，犯下無數戰爭罪行的主體。出於這一認知，在樹立和平且負責任政府的同時，也有必要將大日本帝國軍解體。

但日本國的政府，既是需要依循《波茨坦宣言》當成國際義務承受下來，以日本國代表者身分實施改革的主體。因此，對日本的占領，採取的是讓日方政府機構殘存下來的間接占領體制。「大日本帝國軍的解體」與「日本放棄行使自衛權的組織（自衛隊）」，兩者是不同的。上述同盟國方面的認知，至今為止都還遭到許多日本人誤解，這根本上是誤解了《波茨坦宣言》的內容所致。

依循《波茨坦宣言》的主旨，日本的憲法也進行了全面刷新。畢竟只要《大日本帝國憲法》還殘存，勢必沒辦法樹立「依據日本人民自由之意志」的「傾向和平及負責之政府」。

新制定的《日本國憲法》，在它的前言中高唱：「吾人決心信賴愛好和平的各國人民之公正與信義，將保持我們的安全與生存」。在GHQ編纂、比日語版更早的英

139　第九章　作為戰後日本密教的地緣政治學

語憲法草案中,這段文字是寫成:「we have determined to rely for our security and survival upon the justice and good faith of the peace-loving peoples of the world」。這和一九四五年制定的《聯合國憲章》第四條第一項:「凡其他愛好和平之國家(peace-loving states),接受本憲章所載之義務,經本組織認為確能並願意履行該項義務者,得為聯合國會員國」,呈現出一種對應關係。《日本國憲法》前言所歌頌的決心是,總有一天,日本將會和其他同盟國一起加入聯合國,並採取信賴集體安全保障體制的安保政策。

所謂「愛好和平的各國人民」,更進一步說就是指二戰中的同盟國。同盟國(United Nations),創造了名為聯合國的組織(United Nations Organization)。因此,在《日本國憲法》前言中也包含了一種想法,是信賴由同盟國之同盟關係建立起的安保體制。

本來,「愛好和平的各國人民」(peace-loving peoples)這個概念,在一九四一年八月美國總統羅斯福與英國首相邱吉爾進行會談,表明戰爭目的的《大西洋憲章》中,就已經使用了。現在的聯合國官網上,將《大西洋憲章》解釋成展現聯合國基本理念的文件;不只如此,北約這個軍事同盟組織的官網上,也將《大西洋憲章》解釋成北約的理念及淵源的展現。

一九四一年八月,已經和納粹德國進入交戰狀態的英國,與強力支援英國的美國領

袖,將本國與各盟國稱為「愛好和平的國家」,並高舉「將來和愛好和平各國,共同建立國際安全保障體制」這一目標,做了以下的宣言:

「(按:英美)兩國相信世界所有各國,無論為實際上或精神上的原因,必須放棄使用武力。倘國際間仍有國家繼續使用陸海空軍軍備,致在邊境以外實施侵略威脅,或有此可能,則未來和平勢難保持。兩國相信,在廣泛而永久的普遍安全制度未建立之前,此等國家軍備的解除,實屬必要。同時,兩國贊助與鼓勵其他一切實際可行的措施,以減輕愛好和平人民(peace-loving peoples)對於軍備的沉重負擔。」

換言之,日本國憲法前言中,作為日本信賴對象的「愛好和平的各國人民」,就歷史來說,指的就是以英美兩國為中心的二戰期間之同盟國(United Nations),同時也是為了確保《波茨坦宣言》確實履行而占領日本的各國。這些「愛好和平的各國人民」已經在一九四五年制定了《聯合國憲章》,並重新確認了該憲章第一條第一項所宣示的「維護國際和平與安全」等國際社會的目的和原則。接下來,為了守護這個目的與原則,他們在憲章第七章引進了集體安全保障與個別和集體自衛權,作為一般的安全制度。所謂「愛好和平的各國人民」,從法律文句上的定義來說,就是遵守《聯合國憲章》制定的目的與原則,並為維持此目的與原則盡心盡力的各國國民。

所以《日本國憲法》前言所示者，可以理解成以下內容——

當新憲法刷新國內各項制度，並將日本轉變成遵守以《聯合國憲章》為中心的國際法秩序之國度時，按照《波茨坦宣言》進行的占領也將告一段落。這也意味著日本接受《聯合國憲章》體制，成為聯合國一員，為維持國際和平與安全而行動。更進一步說，日本會培養與英美為中心的二戰同盟國之相互信賴關係，並基於共同的目的與原則攜手合作。

《日本國憲法》歌頌的願景曾於一九二〇年代嘗試但遭到挫折，亦即在國際聯盟與華盛頓體制這種國際制度中，對維持國際秩序做出貢獻。而對實現這種願景表達最強烈關心的，就是美國。

斯皮克曼地緣政治學與美日安保條約

只是，聯合國的組織架構並非堅若磐石。為了防止大國退出，二戰的戰勝國被賦予了安理會常任理事國的地位與否決權；可隨著冷戰開始，美蘇對立日益鮮明，安理會的癱瘓也變成了恆常狀況。不過《聯合國憲章》體制並沒有因此告終。預測到安理會可能

戰爭的根源：兩種地緣政治學的對峙與交鋒　142

會癱瘓的憲章起草者，在憲章第五十一條中制定了個別與集體的自衛權，將不須安理會干涉的國際安全保障體制之合法性加以明確化。

作為《波茨坦宣言》履行進程的終點與占領體制的終結，日本和同盟各國締結了《舊金山和約》，但同時也和美國締結了專屬於兩國之間的《美日安保條約》。一九五一年的這份《美日安保條約》，是從以下這段前言開始的：

　　《和平條約》承認了日本國作為主權國，有締結集體安全保障條約的權利，而且《聯合國憲章》承認了所有國家擁有個別及集體自衛權的權利。

　　作為防衛自國的暫定措施，日本國行使上述權利，日本希望美利堅合眾國在日本國內及其附近駐紮軍隊，以阻止對日本國的武力攻擊。

　　美利堅合眾國為了和平及安全的目的，現時有意願駐紮部分軍隊在日本國內及其附近。然而，美利堅合眾國期待日本逐漸負起自身責任，能防衛自國以對抗直接及間接的侵略。也期待日本國避免再成為攻擊性的威脅，其軍備僅用於基於《聯合國憲章》的目的及原則，即增進和平與安全上。

143　第九章　作為戰後日本密教的地緣政治學

在這段前言中,集體安全保障、集體自衛權、個別自衛權這三層國際安全保障制度,毫無矛盾地保持著連續性並存,且被視為不證自明之事。《美日安保條約》本身,是在集體自衛權層次下,為了確保日本安全保障而採取的措施。《美日安保條約》所代表的基於集體自衛權的措施,又被期待能夠具備彌補聯合國集體安全保障及日本本身個別自衛權不足的機能。

這個依循斯皮克曼地緣政治學理論締結的《美日安保條約》,展現的是地緣政治學理論中,普遍的集體安全保障,與個別國家各自的自衛權,是可以並存的。要選擇國際法還是地緣政治學?或者,選擇集體安全保障還是集體自衛權?這種二擇一的問題,在此變得偏離現實。在日本所加入的國際安保體制當中,其基於國際法各原則而成立的法律秩序的內部,蘊含了繼承麥金德的斯皮克曼地緣政治學理論。

意識形態對立中的日本外交安全保障政策

如同上述,戰後日本的外交安全保障政策,在以國際法制度架構為前提的同時,也毫無矛盾地依循著斯皮克曼的理論,和美國間建立起了同盟關係。過去日本脫離國際組

戰爭的根源:兩種地緣政治學的對峙與交鋒　144

織，且無法和美國維持關係，最終走向破局，而戰後這樣的外交安全保障政策，可說是反省了上述一連串迎來二戰的歷史之後，一邊以美日同盟為主軸，一邊採取國際親睦主義下的產物。

但是這種架構，在日本國內的意識形態對立中，實在算不上被人們正確地認識。歷代的日本政府，比起從正面解釋外交安全保障的架構，反倒更重視與左派勢力之間的政治協調。一九六○年代以降，儘管反覆出現左派系統的大眾政治運動，經濟卻仍達成了高度成長，在此時，這種傾向變得益發顯著。自民黨政府本身也覺得，與其給人一種右派印象，還是和左派在野黨勢力攜手來得更好。常被揶揄成「只是搭安保便車」、「依附美國」的外交安全保障政策，人們相信這和經濟優先的日本國策是吻合一致的；而必須與懷疑美日同盟關係的在野黨勢力談和，從而保證國會運作的這種政治文化，也成為常態。

佐藤榮作首相透過「讓美國部署核武」以及「自由使用基地」密約，成功讓美國在一九七二年歸還沖繩，並以此集眾人喜愛於一身；在他退職之後，取而代之成為首相的田中角榮，是位不關心外交安全保障的人物。沖繩歸還的五個月後，田中角榮政權的政府，就發表「行使集體自衛權是違憲」的官方見解。

如果日本完全不行使集體自衛權的話，那《美日安保條》約就成了空洞的廢話。但是當時的政府極度擔心被捲入越戰，故寧願以違反起草者意圖的日本憲法學釋憲為依據，甘受《美日安保條約》空洞化的危險。在當時的日本人之間，麥金德與斯皮克曼地緣政治學的發想，開始漸漸變得薄弱。但與之相應的，美國注視日本的視線也變得日趨嚴厲。

當然，在左派勢力於國內政局中存在感日益高漲之際，仍然可以看見一部分輿論界人士，從英美系統地緣政治學觀點擁護戰後日本外交安全保障政策的動向。

一九六四年高坂正堯發表的論文〈海洋國家日本的構想〉，其將日本定義為海洋國家，並意圖以此建構國家戰略，在這點上，他屬於麥金德理論一脈的世界觀。之後，倉前盛通《邪惡邏輯：地緣政治學（Geopolitik）是什麼？》（一九七七年）、岡崎久彥《何謂戰略性思考》（一九八三年）、曾村保信《地緣政治學入門：外交戰略的政治學》（一九八四年）等，其看法都受到麥金德理論的強烈影響，並以此視角來討論國際政治，綻放影響力。

這和現實的潮流也若合符節。一九八〇年代，中曾根康弘執政時期，是美日同盟重新強化的時代。那也是美國國力在越戰中遭受沉重損失而相對低落，必須透過日本的努力來強化同盟體制，乃至強化整個自由主義陣營的時代。

戰爭的根源：兩種地緣政治學的對峙與交鋒　146

要求日本努力防衛並對維持國際秩序做出貢獻的潮流，在冷戰結束後的一九九〇年代變得更加高漲。日方無法回應美國期待的架構，被稱為是美日同盟的「漂流」。

和一九二〇年代一樣，這是一個美日兩國共通假想敵已然消滅或是假想敵存在感低落的時期。為了不重蹈戰前的覆轍，美日雙方的政府相關人士，積極致力於美日同盟的深化。一九九六年雙方通過了《美日安全保障共同宣言》，讓所謂「美日同盟再定義」得以更進一步。隔年（一九九七年），美日兩國政府也就作戰運用層面上，展現具體合作要領的新「美日防衛合作指南」（簡稱新「指南」）達成協議。

在二〇〇一年九一一恐攻之後，美國意圖瓦解阿富汗塔利班政權，在這樣的國際情勢中，日本通過了《反恐特別措施法》，讓日本可以派遣自衛隊到印度洋，進行支援美軍等的油料補給活動。二〇〇三年伊拉克戰爭後，日本也通過了《伊拉克特別措施法》，以支援民生為目的，將自衛隊派遣到伊拉克。這些特別措施法，全都可以說是從維持美日同盟觀點來推動的政策。

讓同盟再次漂流的，是二〇〇九年以降的民主黨政權時代，其一邊推進「東亞共同體」構想，一邊因為沖繩美軍基地問題而和美國的齟齬日益加深。

二〇一二年，取代民主黨政權上臺的第二次安倍晉三政權，首先致力於和平安全法

147　第九章　作為戰後日本密教的地緣政治學

制的建立，其最大目的就是強化美日同盟。二〇一五年和平安全法制的成立，達成了集體自衛權解禁，而透過這點強化的美日同盟，對之後安倍政權的「自由開放的太平洋」構想，以及聯手印度、澳洲的「QUAD」等積極的日本外交，都有很大的貢獻。

從最近這些日本外交安全保障政策來看，其給人的印象，是在麥金德／斯皮克曼英美系統地緣政治學理論的啟發下，執政政權積極強化美日同盟，且著實產生出了成果。

當然其中最重要的一個理由就在於過去的這段歷史：依循豪斯霍弗大陸系統地緣政治學理論來推動日德同盟、建設大東亞共榮圈的路線破綻之後，依據英美系統地緣政治學理論進行國內制度改革，並企圖重建外交安全保障制度。

不管什麼時候的政權，都不是在白紙一張的狀態下採取外交安全保障政策，而是在已經建構起來的架構下，採取或隱密、或強化的不同路線，好達成強化政策的效果。故此，從已經確立制度性架構下，且運作超過七十年以上的外交安全保障政策來看，一邊維持這種架構，一邊探索漸進發展的餘地，這樣的態度自是合理且理所當然的。

今後，美日同盟應該也會繼續成為日本外交安全保障政策的基礎吧。這點對美方而言，也是一樣的。在現代世界中，隔著太平洋遙遙相對的美日兩個「海權」的同盟，具有左右英美系統地緣政治學命運的意義。

第四部 從地緣政治學看現代世界的戰爭

在第一部中,我們解釋了兩種相異地緣政治學的尖銳對立;在第二部中,我們以歐洲的國際政治為題材,對上述狀況進行歷史性的檢證。接著在第三部中,我們用兩種相異地緣政治學的視角,來試著重新掌握、分析日本的歷史。在第四部中,我們則要更進一步從兩種相異地緣政治學理論的觀點,來檢討現代世界各地武力紛爭的狀況。

首先在第十章中,我要概觀現代世界的武力紛爭狀況。在這時候,我們要梳理的是它們和兩種相異地緣政治學觀點間,究竟有怎樣的關聯。

在第十一章中,我會試著對各地區的狀況,更進一步從兩種地緣政治學的視角來分析。

在第十二章中,我會提供一種看法,讓我們可以了解兩種相異的地緣政治學視角,

是怎麼以世界性規模與國際政治架構相結合,又呈現了怎樣的政策含意。

第十章 現代世界武力紛爭的整體架構

英美系統地緣政治學，強調了陸權與海權以世界規模展開的對立架構。值得注意的是，這是整體性的對立架構，但並不意味兩者間總是會發生實際的武力紛爭。比方說在兩次世界大戰中，英美各國就和俄羅斯（蘇聯）締結同盟關係，來封鎖德意志。當意圖稱霸大陸中央地帶的國家出現之際，聯合海權有可能會和心臟地帶國家攜手合作，封鎖該國。只是，就算在這種情況下，武力紛爭還是會圍繞著和陸海權之利益切身相關的中間地帶展開。

英美系統地緣政治學的鳥瞰圖之根本，是面對採取擴張主義的陸權時，去看出如何能夠合理形成封鎖這種霸權的聯合海權。不過，這完全是長期國際形勢整體動向才會有的傾向；至於各個具體的武力紛爭，其發生則是會與更具體的情形相對應。若理解英美系統地緣政治學所展示的這種結構性整體動向之後，再來觀察其武力紛爭的傾向，首先

151　第十章　現代世界武力紛爭的整體架構

可以洞察到的就是，紛爭經常會在邊緣地帶爆發。

大陸系統地緣政治學的基本視角，是把世界分成好幾個勢力範圍來掌握。西半球世界被當成一個勢力範圍來看待，歐亞大陸及其周邊區域，也自然而然地會畫分成複數個勢力範圍。複數個勢力範圍之盟主，透過對彼此生存空間／勢力範圍／大空間的相互認可，或許就能創造出安定的國際政治架構。

但另一方面，圍繞著生存空間／勢力圈／大空間的邊界，仍會產生不停爭鬥的傾向。想主張並確保自身生存空間／勢力圈／大空間的行動，若從其他的勢力範圍看來，明顯就是擴張主義政策，這樣的事態經常可能發生。

當某勢力範圍的盟主力量顯著增強的時候，擴張主義政策就會變成其他勢力範圍的威脅。反過來，當勢力範圍盟主的力量顯著低落的時候，勢力範圍的邊界就會開始產生「權力真空」的狀態，從而形成不安定的要素。

基本上，大陸系統地緣政治學提供給實際武力紛爭分析的看法是，紛爭多半會發生在勢力範圍的邊界線附近。

兩種不同地緣政治學的信徒，各自因為世界觀的差異，對立日益深刻。但如果知道這個狀況，並能夠活用分析的觀點，那就沒有必要太過煩惱作為一般理論的兩種地緣政

戰爭的根源：兩種地緣政治學的對峙與交鋒　152

治學，究竟何者才正確。兩種相異的地緣政治學，按照具體狀況，會有各種程度的關聯性，同時也可以提供複合的分析視角。

二十世紀的武力紛爭傾向

當我們要用世界規模來概觀現代武力紛爭的架構時，可以姑且先從冷戰結束後，也就是過去三十年的傾向來看起。

眾所周知，冷戰結束後的時代，有為數眾多的武力紛爭。然而最常為人誤解的，是「冷戰結束後武力紛爭數量急遽增加」，或者「內戰激增」這類說法，這其實是沒有依據的。

二戰之後，武力紛爭的數量基本上是持續上升，但並不能說是由於冷戰結束才急遽增加。另一方面，二戰以後的時代，武力紛爭幾乎都具有內戰的性質。關於「武力紛爭數量的增加」以及「幾乎都屬於內戰」，若綜觀整個二戰以降統計資料完備的時代，就可以觀察到這兩種一貫的傾向。

為什麼會產生這種傾向？這可以從國際社會的架構，進行相當宏觀的說明。

153　第十章　現代世界武力紛爭的整體架構

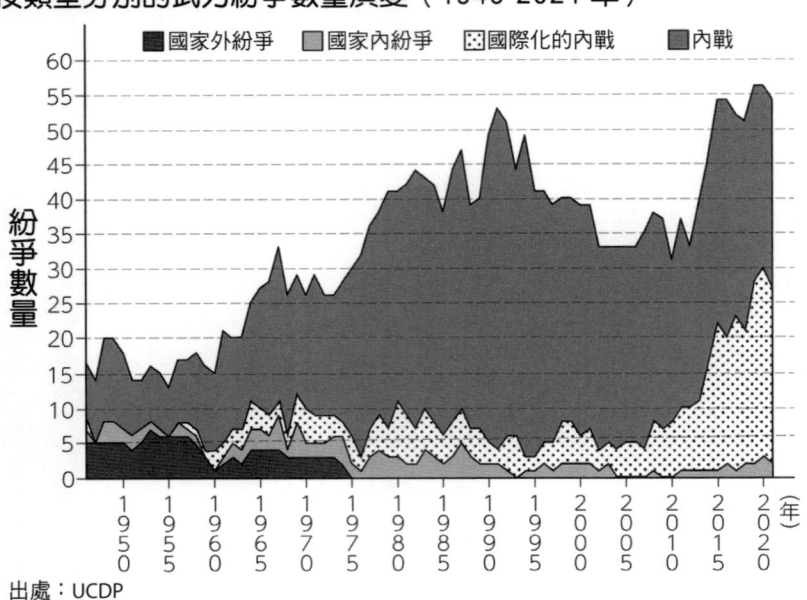

這是由於新興獨立國家的數量增加，卻大多只具備脆弱的統治機構，故內戰數量也與日俱增。二十世紀的武力紛爭特別明顯多是發生在亞洲、非洲這兩個新興獨立國家雲集的地區；從這一傾向，我們也可以得出這個結論。

直到一戰為止的大國支配國政治，是以權力平衡當作維持秩序的原理，其中小國多是被大國所吞併，而國家數量持續減少的傾向相當顯著。國家數量轉為增加，是一戰以後帝國瓦解、小國基於民族自決原則並獲得承認獨立下的事了。

一戰後，德意志帝國、奧匈帝

按類型分別的武力紛爭數量演變（1946~2021年）

■ 國家外紛爭　■ 國家內紛爭　▨ 國際化的內戰　■ 內戰

出處：UCDP

戰爭的根源：兩種地緣政治學的對峙與交鋒　154

國、鄂圖曼帝國瓦解,許多新興獨立國家在這些帝國的舊領地上誕生。二戰後,國力衰退的大英帝國與法蘭西帝國瓦解,其他歐洲各國的殖民地區也跟著去殖民化,並在這樣的潮流中陸續成為新興獨立國。

冷戰之後蘇聯瓦解,構成蘇聯的各共和國紛紛獨立。聯合國會員國從一九四五年設立之初的五十一國,到現在已經增加到一百九十三國;這些增加的會員國,幾乎都是二戰後數十年間去殖民化的潮流中,成為獨立國的新興國家。因為這些國家都是在統治體制稱不上萬全的情況下變成獨立國,所以相當脆弱,動輒容易發生內戰。當然,其他原因還有國內民族構成、國界位置、強權統治文化等等殖民地時期的弊害,在獨立之後仍被直接繼承下來,這些層面也都不得不提。

《聯合國憲章》體制底下,所有地區都普遍適用民族自決原則,而一度獨立的地區也一律適用主權平等、禁止使用武力等原則,其將防止國家之間的紛爭放在優先順位,卻沒有著眼在防止內戰上。在安理會中,常任理事國具備否決權,以防止五大國發生大國間戰爭,而這個制度性的措施以無法跳脫的架構形態固定了下來。二十世紀以降,由《聯合國憲章》體制創造出的國際安全保障體制,其成立的思維,是無論如何都要防止大國間戰爭,其次則是想方設法防止國家間的戰爭,若還有能力的話,則才會試著

155　第十章　現代世界武力紛爭的整體架構

防止國家內的紛爭。

冷戰結束後的武力紛爭傾向

掌握住這種全局性的傾向後,讓我們更進一步來看看冷戰結束後的世界實情。

在一九九〇年代前半,武力紛爭的數目顯著增加。之所以如此,其背景是以蘇聯瓦解為首,舊共產主義各國的政治體制變動,以及冷戰下受到超強國庇護、依附在其下運作的各國,其統治體制隨之動搖的緣故。

一九九〇年代前半的武力紛爭,比如發生在南斯拉夫聯邦共和國領域的波士尼亞紛爭等舊東歐地區的紛爭,摩爾多瓦、車臣、達吉斯坦這類隨著蘇聯瓦解,在俄羅斯內外國境線地區發生的紛爭,還有冷戰結束後,隨著體制間競爭帶來的國際援助枯竭,脆弱程度日增的賴比瑞亞、獅子山等國的紛爭,都是代表性的例子。這些武力紛爭的產生,明顯是受到了可統稱為「冷戰結束」現象餘波所引起的廣泛影響。

冷戰結束的影響,本來應該會隨著時間流逝而日益減輕才對。實際上,在一九九〇年代後半可以看到武力紛爭的數量確實減少了,到二〇〇〇年代則已經被抑制到較少的

戰爭的根源:兩種地緣政治學的對峙與交鋒　156

數量。在這個時期，眾人普遍都抱持樂觀看法，認為國際社會解決紛爭的活動產生了成效。但邁入二○一○年代後，武力紛爭再次出現顯著增加的傾向。當前，即使從歷史上來看，也是武力紛爭為數眾多的時代。

冷戰結束後，歐洲地區一時之間武力紛爭數量明顯增加，之後則逐漸趨於安定；這和二○○○年代較為平穩也有密切關聯。但二○一四年以降在烏克蘭、納卡之類高加索地區的紛亂中，二○○○年代的傾向逆轉了，也讓人發現到前蘇聯外緣部分的不定性。

另一方面，在東南亞與南非，

按地域分別的武力紛爭數量演變（1946~2021年）

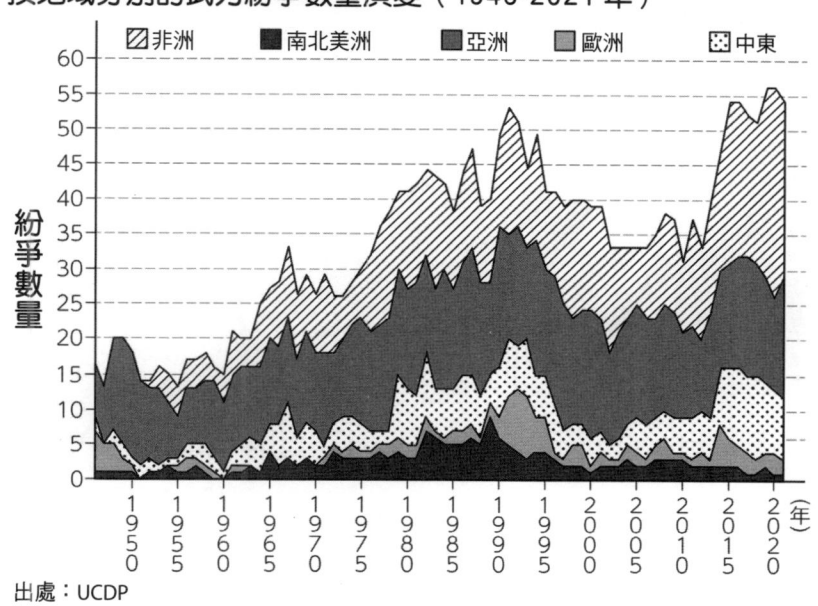

出處：UCDP

157　第十章　現代世界武力紛爭的整體架構

和冷戰時代的紛亂狀態相比，冷戰結束以降的時代明顯看起來比較平靜。這是因為反映冷戰結構的代理戰爭型武力紛爭，反而隨著冷戰結束平息之故。只是在這些地區仍然有零星的武力紛爭，特別是緬甸與莫三比克的狀況相當嚴峻。

二〇一〇年代以降武力紛爭數的大幅增加，和受到阿拉伯之春餘波影響、從北非到中東地區眾多國家的統治體制動搖，有著大而密切的關聯。

即使從犧牲人數的演變來看，二〇一〇年代中東的犧牲人數也一口氣大幅上升。一向紛爭頻傳的地

按地域分別的武力紛爭犧牲者數演變（1989~2021年）

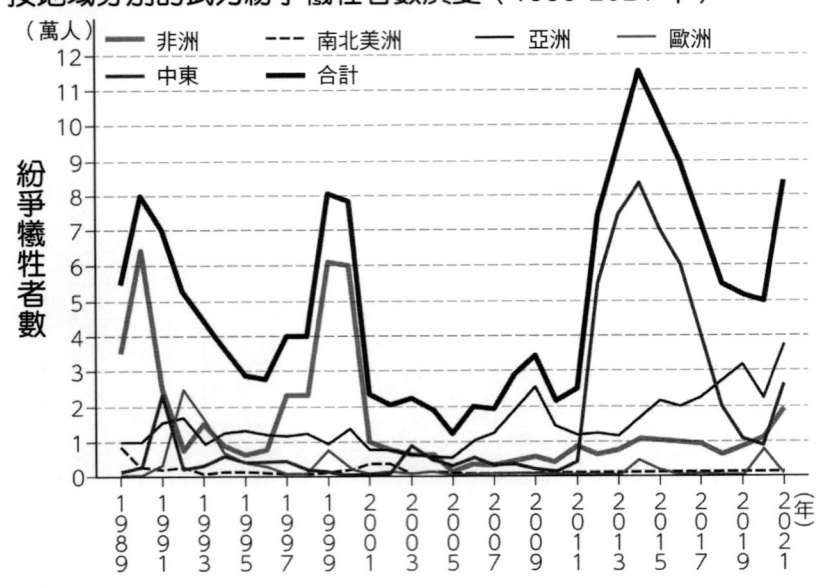

（萬人）　非洲　---- 南北美洲　—— 亞洲　—— 歐洲
　　　　　中東　—— 合計

紛爭犧牲者數

出處：UCDP

區，是以中東和北非為首，東到南亞，西到非洲撒哈拉沙漠南側的帶狀地帶（薩赫爾），以及非洲之角地區。從南亞連貫到西非的這個地區，是現代世界武力紛爭頻傳的帶狀地帶。

每一個武力紛爭，都是各自且個別發生的事情。要在眾多武力紛爭中找出完全相同的性質，那是不可能的。

可是，如果各時代政治狀況創造出的宏觀傾向會搭配該地域之傾向而存在，那或許就會有一個宏觀架構的狀況在。既然過去數十年間，世界幾乎所有的武力紛爭，都是發生在這個可稱為「紛爭頻傳的帶狀地帶」，那我們可以適度假設，在這當中必然有某種共通的結構性狀況存在。

紛爭頻傳的帶狀地帶之地緣政治學性質

紛爭頻傳帶狀地帶，有好幾個顯著的特徵。

比方說，從社會文化的觀點來看，可以明顯發現它和伊斯蘭文化的領域是重疊的。另外，紛爭頻傳而這又應當是和「反恐戰爭」這個世界規模的紛爭架構結合在一起的。

159　第十章　現代世界武力紛爭的整體架構

帶狀地帶的人口增加率明顯很高，且其經濟不穩的年輕階層之人數眾多，而他們在武力紛爭中是最容易被動員的。

我們可以說，當複合性要素累積起來後，就會產生具有地理偏差的結構性事態。話雖如此，當我們把注意力更多放在地理條件上的時候，又該怎樣掌握紛爭頻傳帶狀地帶的特徵？

麥金德已經從古典的地緣政治學觀點，對今日紛爭頻傳帶狀地帶的歷史脈絡做了討論。被麥金德指為「心臟地帶」的這塊歐亞大陸中央部分，不只是現在的俄羅斯，也包括了中亞各國與阿富汗。麥金德不只把俄羅斯畫入，也硬是把中亞各國與阿富汗的領域都畫入心臟地帶。所謂心臟地帶，是指欠缺海上交通路徑、位於大陸深處的地區，順著這個定義，麥金德才這麼做的。這個意指「世界島」中央部分的心臟地帶，具備可以隔絕外界入侵者的封閉場域性質，因此成為「歷史的地理樞紐」。

相對於歐亞大陸的心臟地帶，隔著阿拉伯半島存在的，是非洲大陸撒哈拉沙漠南側的「南方心臟地帶」。

撒哈拉以南的河川，都和外洋彼此隔離開來，「兩個心臟地帶儘管緯度差異非常大，特徵卻驚人地相似」。「心臟地帶、阿拉伯與撒哈拉三者構成一個搭船的人不可能接觸

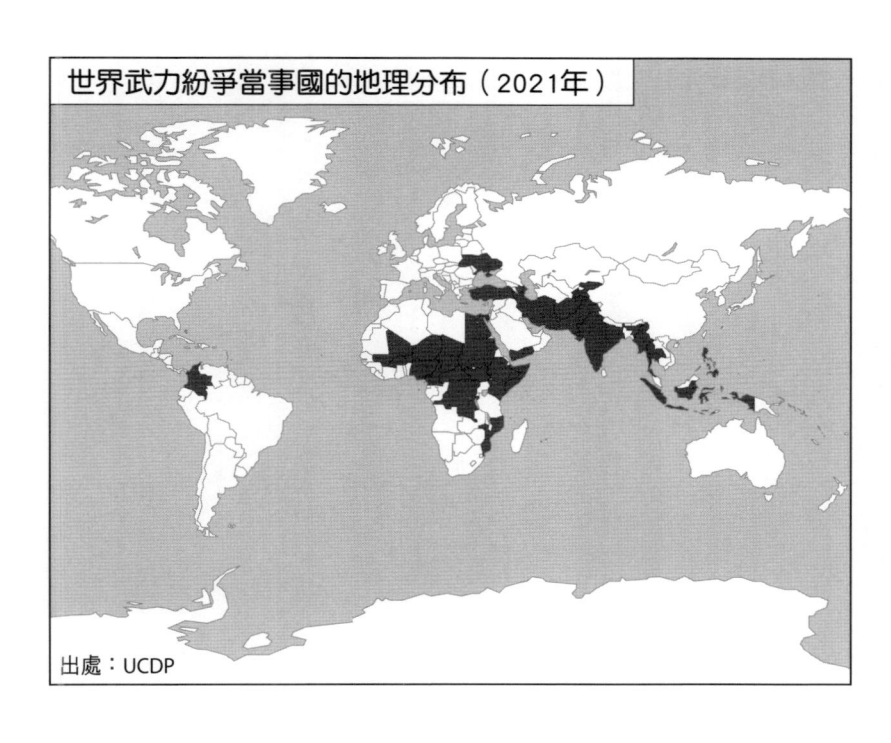

世界武力紛爭當事國的地理分布（2021年）

出處：UCDP

到、非常寬廣且彎曲的帶狀區域」。

和海上交通路徑隔離開來的大陸深處，自古以來人們就使用馬和駱駝等動物的動力來進行移動。這時候，「環繞阿拉伯沙漠的草原，就扮演了過路區域的角色，讓人能夠由北方心臟地帶行至南方心臟地帶。」

麥金德原本就有把歐亞大陸和非洲大陸合稱為「世界島」的概念架構。從這個觀點來說，歐亞大陸的心臟地帶和南方的心臟地帶是連動的，從而形成了可稱為「世界島心臟地帶」的區域。

今日從阿富汗延伸到薩赫爾的

161　第十章　現代世界武力紛爭的整體架構

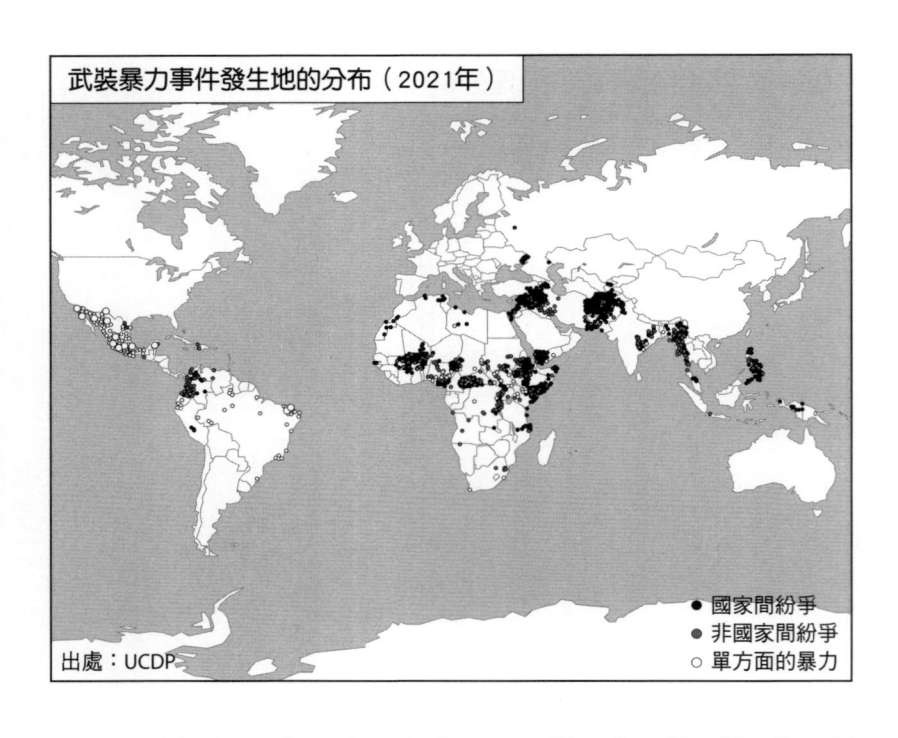

武裝暴力事件發生地的分布（2021年）

● 國家間紛爭
● 非國家間紛爭
○ 單方面的暴力

出處：UCDP

紛爭頻傳帶狀地帶，就是沿著這塊稱為世界島心臟地帶的地區展開。這個帶狀地帶的人們，透過獨特的歷史紐帶連結在一起。同時，這個帶狀地帶也不容易被歐洲、亞洲，亦即更外圍世界延伸過來的秩序所吸收。

我們可以合理地認為，現代世界裡，紛爭頻傳帶狀地帶的動盪，與以下因素有關：南亞、中東、薩赫爾／非洲之角等地區特有的地理環境，使得跨境人口移動成為自然的常態，以及，在這些地區也有著長期形成的歷史性人際網絡。

此外，若是把天然資源也加入地理條件當中考量，則我們或許必須指

戰爭的根源：兩種地緣政治學的對峙與交鋒　162

出，形成紛爭頻傳帶狀地帶的中東、非洲各地區，也是蘊含石油或者稀有天然資源等的地區。

依附於天然資源的社會架構，容易形成紛爭的溫床，畢竟透過武力紛爭掠奪資源，是比較容易的事。同時，依附天然資源的「食利國家」（rentier state），因為其經濟體制主要是基於恩庇侍從關係，所以很容易陷入裙帶關係的運作方式，從而很難確立基於社會契約論的立憲主義制度。一般依附天然資源型的威權主義體制，很難把基於民主制度的抑制之聲聽進耳裡，這也很容易和武力紛爭產生關聯。上述這些要素都必須考量進去。

從英美系統地緣政治學來看現代世界的紛爭結構

如果更進一步用英美系統地緣政治學的角度，來看這種具備地緣政治學特徵的紛爭頻傳帶狀地帶的情況，那又會如何呢？

首先引人注意的是，沿這個帶狀地帶展開的，是二十一世紀的「反恐戰爭」。和恐怖分子的戰爭，並沒有地理界線可言；因此反恐戰爭，一般都認為是進展於全球。如果

第十章 現代世界武力紛爭的整體架構

真是如此,那從地理觀點來看反恐戰爭,基本上就是不可能的。但從現實來看,反恐戰爭的震央是在中東、南亞,然後一路延伸到薩赫爾。雖然其他地區不見得就沒有恐怖分子,但在政治與軍事樣貌上都截然不同。

反恐戰爭時代正式揭開序幕,是從海權霸主美國宣稱對二〇〇一年九一一恐攻發動自衛權,入侵阿富汗開始的。在今天看來,位處心臟地帶與中東交接處的阿富汗,正是讓反恐戰爭歷史轉動的「樞紐」。之後美國在二〇〇三年的伊拉克戰爭中,採取了大膽的行動,欲占領統治中東核心國家,企圖透過反恐戰爭的勝利,來推動中東民主化的目標。

但其結果不只中東全境陷入混亂,本來可以藉由沙漠、山岳、海洋來隔絕外界影響,同時又彼此相互連動的非洲薩赫爾地區,乃至於南亞伊斯蘭圈的各國,都受到這行動的餘波影響,而引發了擦槍走火的現象。二〇二一年八月,美國允許阿富汗伊斯蘭共和國政府瓦解、由塔利班奪權,最終便以這種屈辱的形式,自阿富汗完全撤退。

從結果來看,美國對「世界島心臟地帶」的介入未免太深了。如果繼續在阿富汗與伊拉克駐紮大量美軍,且成功創造出美國掌控的傀儡政權國家,那美國的行動就大幅逸出英美系統地緣政治學的觀點了。

戰爭的根源:兩種地緣政治學的對峙與交鋒　164

就像過去在一九三〇年代，大日本帝國建立滿洲國，導致日本國家性質轉變一樣，身為海權的美國在「世界島心臟地帶」大規模陳兵耀武，也讓美國作為海權的性質大大產生了質變。

確實，從二十世紀中葉到現在為止，美國都在德國與韓國等大陸上的國家維持軍事力量；但是，這些歐亞大陸外緣的事例，其歷史來龍去脈與地理條件都截然不同。在「世界島心臟地帶」的伊斯蘭圈駐紮數以萬計的美軍，這從歷史來看是極為冒險的舉動。

為什麼美國會持續這麼深的軍事介入呢？我們可以指出幾個複合性的要素，如：二十一世紀初期美國實力壓倒性的卓越性，以及新保守主義的美國單邊主義思想影響等。

但是若從更接近地緣政治學的角度分析，則我們必須掌握到，海權國家美國的行動，得要依循著將「世界島心臟地帶」勢力的擴張主義給封鎖起來的這一架構，然而漸漸地其煞車開始鬆弛了。因為害怕伊斯蘭激進恐怖組織勢力從「世界島心臟地帶」擴張出去，所以美國積極採取軍事干預，同時又為了預防這種擴張行動，大規模地持續駐紮在當地。結果，這就給了美國一記相當苦澀的教訓。

就跟在冷戰時代因為擔心共產主義勢力的擴張主義，所以過度深入干預越南，最後招致沉痛創傷一樣，美國在冷戰結束後的時代，因為擔心伊斯蘭激進恐怖組織勢力的擴

165　第十章　現代世界武力紛爭的整體架構

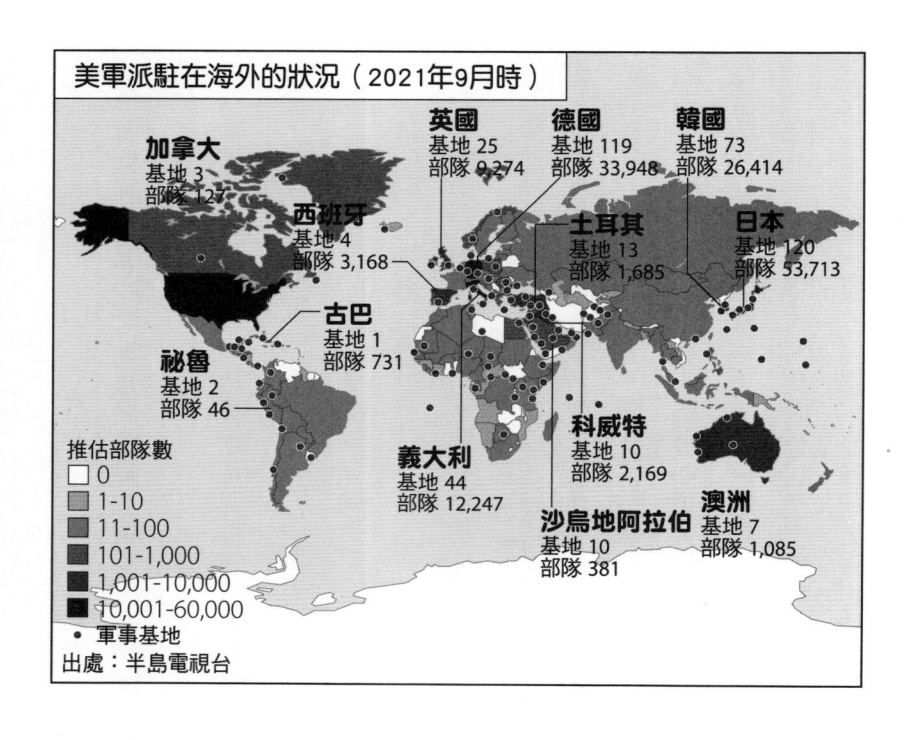

美軍派駐在海外的狀況（2021年9月時）

- 加拿大 基地 3 部隊 127
- 英國 基地 25 部隊 9,274
- 德國 基地 119 部隊 33,948
- 韓國 基地 73 部隊 26,414
- 西班牙 基地 4 部隊 3,168
- 土耳其 基地 13 部隊 1,685
- 日本 基地 120 部隊 53,713
- 古巴 基地 1 部隊 731
- 祕魯 基地 2 部隊 46
- 義大利 基地 44 部隊 12,247
- 科威特 基地 10 部隊 2,169
- 沙烏地阿拉伯 基地 10 部隊 381
- 澳洲 基地 7 部隊 1,085

推估部隊數
- 0
- 1-10
- 11-100
- 101-1,000
- 1,001-10,000
- 10,001-60,000
- ● 軍事基地

出處：半島電視台

張主義，所以過度干預深入中東，結果就招致了沉痛創傷。這些行動的邏輯，基本上，都還是沿襲著英美系統地緣政治學的理論。

只是，若封鎖政策一轉，陷入對大陸領域的占領政策，那就超越了海權對陸權封鎖的這個行動範圍，即使以英美系統地緣政治學來看，這也算是開始脫離行動邏輯的程度了。這條不能跨越的干預行動的紅線雖然相當難以看透，但到底是恆常存在的。

美國透過反恐戰爭創造出的武力紛爭架構，並沒有隨著二○二一年八月從阿富汗完全撤退而告終，

戰爭的根源：兩種地緣政治學的對峙與交鋒　166

即使到了現在，這都還是進行式。

雖然規模較小，不過美國在中東、非洲之角、薩赫爾等地，都持續針對包括索馬利亞的青年黨等蓋達系組織與伊斯蘭國系組織，展開以討伐恐怖分子為目的的軍事作戰。這些行動，都是依循英美系統地緣政治學角度來看反恐戰爭的邏輯，也就是封鎖伊斯蘭激進派恐怖組織擴張主義的邏輯，在持續進行的。

從大陸系統地緣政治學來看現代世界的紛爭架構

大陸系統地緣政治學在二戰以降，影響力趨於衰退。戰後國際秩序即為以美國與其同盟國為中心形成的《聯合國憲章》體制，其為了防止大國間紛爭，納入了常任理事國否決權制度，同時，對生存空間／勢力圈／大空間之類具勢力範圍性的區域整合思維，都抱持警戒心。

按照《聯合國憲章》五十一條的集體自衛權與第八章的依區域辦法行動的制度，地區性的合作是被鼓勵的。這些條文的前提是會員國的獨立（包含小國在內），在此之上，使其進行制度上的合作；在這一點上，毋寧說是期待這些地區性的合作對大國勢力圈的

擴張，產生一種防波堤的機能。至於大國非官方的生存空間／勢力圈／大空間擴張，則是以禁止行使武力、民族自決、主權平等、不干涉內政等原則來加以警戒。

但是，就像許多地緣政治學討論當中被視為不證自明的，如果把蘇聯當成俄羅斯擴張主義的結果，也就是帝國主義的存在，並把華沙公約組織當成蘇聯將東歐各國衛星國化的架構，那整個冷戰時代，俄羅斯都一直維持著自己的勢力圈。

就實際狀況來看，蘇聯內部架構事實上以俄羅斯共和國為盟主、其他共和國為從屬，而為了維持會員國的共產政權，蘇軍也被動用來鎮壓民眾運動，如匈牙利動亂與布拉格之春等。從上述事例來看，要說冷戰時代的共產陣營仍殘存著大陸系統地緣政治學的發想，也是可以的。

按大陸系統地緣政治學的觀點，所謂冷戰架構，是過去豪斯霍弗所洞察的世界四大勢力範圍，演變成西半球的盟主美國，將本國勢力圈擴張到歐洲勢力範圍的兩極架構。俄羅斯的勢力圈，則是向蘇聯本身，或是整個共產圈，其範圍自歐亞大陸中央地帶往中東、非洲延伸，也就是向著「世界島心臟地帶」擴張，和擴張後的美國勢力圈相對峙。

站在這一種大陸系統地緣政治學的視角來看，東歐的共產主義政權瓦解，以及普丁

戰爭的根源：兩種地緣政治學的對峙與交鋒　168

稱為「二十世紀最大地緣政治學悲劇」的蘇聯瓦解，是讓美國勢力圈更進一步擴大、侵蝕俄羅斯勢力圈的事態。

若依據以杜金為代表的「歐亞主義」地緣政治學理論，隨著俄羅斯的力量從一時混亂中重新恢復，這種嚴重的事態也必須予以修正才行。假借全球化之名的美國霸權主義，必須透過泛歐亞主義的擴張加以矯正，並復活俄羅斯原該有的勢力範圍。在這種情況下，遂在前蘇聯外緣地帶出現紛爭架構，而俄羅斯入侵烏克蘭就是其象徵。

如果採取這種看法，那麼川普總統以「美國優先」為口號、站在反全球主義的立場，會和普丁總統之間產生某種親近性，其理由也就很明顯了。

反全球主義的思想本身不只是在俄羅斯，在世界各地都可以看見。正因如此，即使是在俄羅斯入侵烏克蘭之際，號稱親俄派的人們也都在世界各國出現，包括日本。

反全球主義者，若站在兩種相異地緣政治學的角度來說，就是擁有大陸系統地緣政治學世界觀的人。因此，普丁治下的俄羅斯公然表明反全球主義的世界觀，並基於這種世界觀反覆展開對外行動，其意圖就是要藉此成為反全球主義運動的指導者，並獲得支持基礎。

反恐戰爭是依循英美系統地緣政治學邏輯，由美國積極對外行動導致的結果。但在

歐亞大陸前蘇聯外圍地帶的一連串紛爭,則是依循大陸系統地緣系政治學的發想,由俄羅斯的擴張主義對外行動所導致的結果。如果不能看透這種差異,而是將之雜亂無章地混淆在一起,那就沒辦法看穿現代世界的紛爭架構。

第十一章 世界各地區的紛爭架構

本章將針對現代世界紛爭的架構,來掌握每個不同地區的特徵。具體來說,我會列舉非洲、中東、亞洲、歐洲,因應各地區的特徵來探查它們與兩種相異地緣政治學有何關聯,並進行分析。

非洲的紛爭架構

如前所述,在非洲,以非洲之角到薩赫爾的帶狀地帶為中心,發生了許多大範圍的武力紛爭。前章也已經提到,這種紛爭的背景有一個基礎事實,那就是去殖民化運動產生的新興獨立各國,它們的統治體制有其脆弱性。

更進一步從英美系統地緣政治學的觀點來看,伊斯蘭激進派恐怖組織勢力廣泛擴

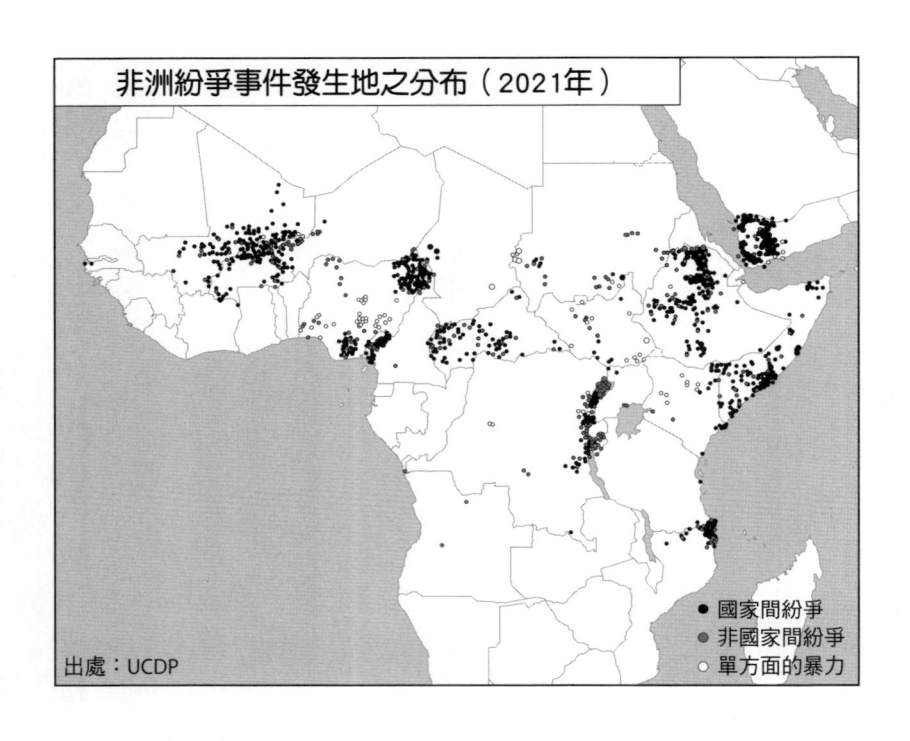

非洲紛爭事件發生地之分布（2021年）

● 國家間紛爭
● 非國家間紛爭
○ 單方面的暴力

出處：UCDP

大，導致武力紛爭發生與惡化，近年來這一傾向愈來愈受人注意。畢竟從「世界島心臟地帶」擴張出去的恐怖活動，不得不防。

此外，若是從大陸系統地緣政治學的觀點來看，這裡並不存在一個宣稱自己勢力圈的霸權國家，所以在這樣的一塊大陸上，會被強調的就是各國圍繞著勢力圈而展開爭奪的情況。

該如何理解薩赫爾北邊廣大的撒哈拉沙漠？這是地緣政治學理論的一個大哉問。

和歐亞大陸的北極一樣，撒哈拉沙漠可說是天然隔絕交通的地區，

戰爭的根源：兩種地緣政治學的對峙與交鋒　172

從而形成了南方的心臟地帶——這是英美系統地緣政治學的麥金德看法。但就現實來看，跨越沙漠的交通還是存在的。若是從違法交易與人的移動來看，撒哈拉沙漠反而是非常重要的路徑；若重視這點的話，沙漠說起來倒是和海洋類似。在這裡並不存在人類的生活共同體，但存在著連結共同體之間的交通。

這樣的一片沙漠，和海洋一樣，也可以看作是畫分勢力圈的天然界線。北非是阿拉伯人的伊斯蘭文化圈，至於撒哈拉以南非洲，則可以主張成非洲人的勢力範圍。

薩赫爾是非洲原住民文化與阿拉伯人錯綜的地區，且從殖民時代起，又持續受到歐洲文化的影響。在非洲大陸這個區域裡，存在著一種呈現為「文明衝突」之樣貌的對立結構，可這種對立卻並未固定地與特定的民族集團連動。

比方說在利比亞，其二○一一年的內戰，在北約等的介入之下，結果是格達費政權瓦解，之後，此處便持續陷入混亂與分裂。在這當中，有伊斯蘭國（ISIS）相關組織等在暗中活躍。受到利比亞混亂的餘波影響，蓋達系的恐怖組織也在馬利猖獗橫行；接著，周圍的布吉納法索與尼日，也頻傳伊斯蘭激進恐怖組織的攻擊事件。在西非，奈

席捲中東的阿拉伯之春，始於北非的突尼西亞；之後在撒哈拉沙漠南側，也可以觀察到其餘波。阿拉伯之春導致獨裁體制瓦解後，各地的伊斯蘭基本教義派紛紛崛起。

173　第十一章　世界各地區的紛爭架構

及利亞東北部的查德湖周邊，有博科聖地和伊斯蘭國西非省（ISWAP）引發的眾多恐攻事件；他們一邊和政府軍持續戰鬥，一邊也彼此衝突。在中非共和國，伊斯蘭主義組織塞雷卡（Séléka）與基督教系武裝組織反巴拉卡（Anti-balaka）之間的對立，導致內戰日益激化。在剛果民主共和國東部與莫三比克的反政府勢力，自稱為伊斯蘭國中非省（ISCAP）。索馬利亞的青年黨，是曾發表與蓋達合流聲明的組織；而對青年黨展開討伐作戰的衣索匹亞政府，也要面臨中東的阿拉伯聯合大公國與土耳其對提格雷紛爭的支援。

這種以中東為起點的反恐戰爭架構，跨越了海洋與沙漠，對非洲當地勢力產生影響，並創造出大範圍武力紛爭的溫床。

在非洲之角與薩赫爾，自有史以來便和阿拉伯圈有所交流。比方說索馬利亞的青年黨，就和葉門與沙烏地阿拉伯有關聯，來自阿拉伯半島的成員也會採取自殺恐攻之類的手法。

跨越亞丁灣的人流往來，自古以來就相當盛行。同樣地，跨越撒哈拉沙漠的移動，也產生出獨特的人類交流與發展。不管是海還是沙漠，在非洲之角與薩赫爾地區，都不存在嚴格的國境管理體制；因此，從北非到薩赫爾地區，跨越國境的犯罪擴散遂成為非

戰爭的根源：兩種地緣政治學的對峙與交鋒　174

常嚴重的問題。另一方面，在薩赫爾區域的環境要素，隨著沙漠化日益嚴重，一向過著不受國境束縛生活的遊牧民族，其生活環境益發惡化，更進一步在土地問題上和農民階層對立，這也是環境的要素所致。

中東、南亞的紛爭架構

二○一○年代，在中東的敘利亞、伊拉克等核心地區，爆發了激烈的武力紛爭。中東成為激烈且長期的武力紛爭地區，這對周遭地區而言是嚴重的事態。這個地區和黑海與裡海的高加索動向，乃至於紅海周邊的情勢，都有很高的連動性。說得更清楚一些，就是這個地區很容易受到俄羅斯和土耳其為首的各國之影響。不只如此，中東武力紛爭的影響，也很容易波及到非洲乃至南亞。

從敘利亞到伊拉克的重度紛爭地區，擁有肥沃的平原，文明歷史悠久，是伊斯蘭圈的核心地區。這個重度紛爭地區，被沙漠的沙烏地阿拉伯與險峻山岳地帶的伊朗包夾，同時更被海所圍繞。沙烏地阿拉伯與伊朗堪稱遜尼派各國與什葉派各國的盟主，它們包夾著這個重度紛爭區域，形成一種對立的架構。

175　第十一章　世界各地區的紛爭架構

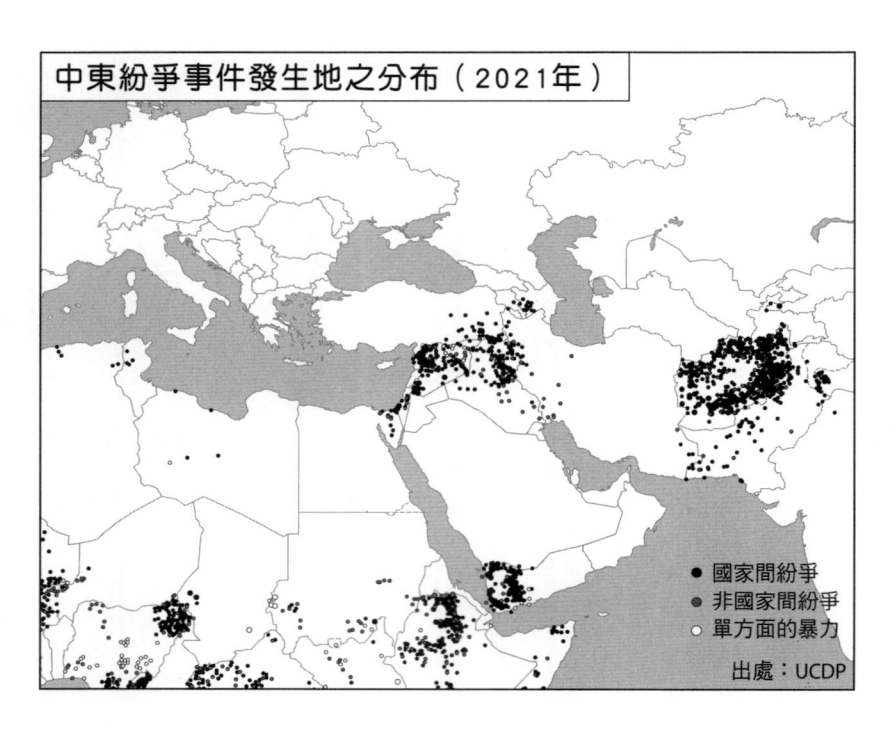

中東紛爭事件發生地之分布（2021年）

● 國家間紛爭
● 非國家間紛爭
○ 單方面的暴力

出處：UCDP

在沙烏地的背後有葉門戰爭，伊朗的背後則有阿富汗戰爭。沙烏地和葉門與阿富汗的政權親近，伊朗則與反政府陣營接近。伊朗作為什葉派的盟主，和伊拉克與敘利亞的阿薩德政權、黎巴嫩的真主黨、伊拉克占多數的什葉派勢力關係密切，和中俄也保持良好關係。

最容易受中東影響的區域，也包括了南亞。南亞武力紛爭的中心點是阿富汗與巴基斯坦，其紛爭架構的核心是伊斯蘭基本教義派勢力的存在。不只是這兩國，印度與孟加拉也有伊斯蘭激進派的問題，斯里蘭卡也發生過伊斯蘭激進派的大

戰爭的根源：兩種地緣政治學的對峙與交鋒　176

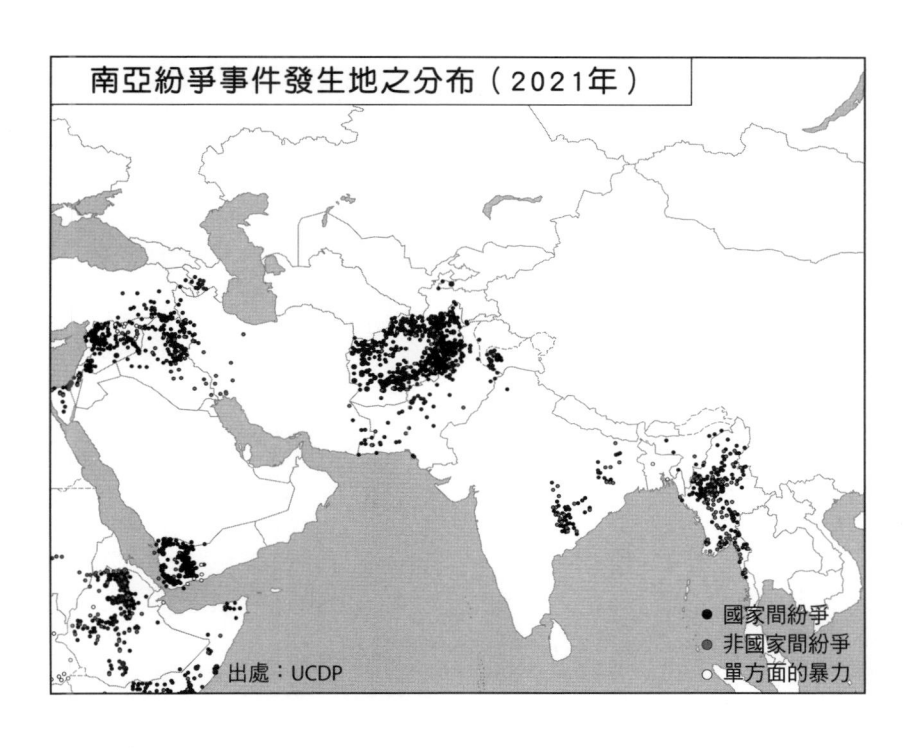

南亞紛爭事件發生地之分布（2021年）

出處：UCDP

● 國家間紛爭
● 非國家間紛爭
○ 單方面的暴力

規模恐攻事件。伊斯蘭主義勢力造成的不穩要素，在緬甸、菲律賓等東南亞各國也可以看到。

從英美系統地緣政治學的觀點來看，中東、南亞的地理特徵，就是存在著阿拉伯半島與印度半島這兩個巨大的歐亞大陸橋頭堡。這兩個巨大的橋頭堡，在確保與大陸的接點這點上，對海權有著極大的重要性。

過去在大英帝國的統治當中，沒有什麼比英屬印度的統治更為重要的了。進入二十世紀下半葉後，美國成為海權霸主，其以這些邊緣地帶為要，採取了重視這些地區的

政策。結果，這個地區在大博弈的架構下，便造就了催生紛爭的傾向。

美國和高唱不結盟主義的印度曾經一度疏遠，在歷史上則一直是傾注全力維持和伊朗與巴基斯坦的友好關係。這項政策，是為了封鎖心臟地帶的蘇聯帝國南進政策，讓它不致於延伸到印度半島與阿拉伯半島。

一九七九年二月的伊朗伊斯蘭革命，讓伊朗一轉而成為反美國家，同年十二月，蘇聯開始入侵阿富汗。一九七〇年代末海權霸主美國在這個地區的劣勢，為美國國內帶來了轉換政策、重整旗鼓的契機，一九八〇年代雷根政權的擴軍路線，就和這點密切相關，最後帶來了冷戰的結束。

冷戰結束後，以一九九一年的波斯灣戰爭為引子，美國在沙烏地成功設立軍事據點，恢復了在中東的軍事存在。美國原本在中東和以色列建立了堅定友誼，後來在政策上也重視試圖和以色列改善關係的埃及，但到了一九九〇年代，美國更進一步致力於終結巴勒斯坦紛爭，意圖透過調停，對阿拉伯世界滲透其影響力。

在之後的二十一世紀，美國透過反恐戰爭，對阿富汗與伊拉克展開軍事入侵與國家建設活動，結果反而讓美國在中東的威信低落。只是，美國因為頁岩油革命，對中東石油變得不那麼關心，所以現在除必要以外，並沒有採取更多對中東、南亞的干預政策。

戰爭的根源：兩種地緣政治學的對峙與交鋒　178

即使到了現在，美國對伊朗的戒心依然不曾消失。其理由之一是，伊朗可以說是這個地區最採擴張主義政策的反美國家。美國一直防止伊朗與中、俄接近之後，進一步在中東行使霸權影響力，這樣的作為是出於英美系統地緣政治學所推導出的洞察。

另一方面，從豪斯霍弗的傳統大陸系統地緣政治學觀點來看，到伊朗為止都屬於歐亞大陸空間，伊朗以西的中東則屬於歐洲－非洲空間；換言之，兩個勢力圈的界線就位在中東。正因為位於界線上，所以才會發生紛爭。因為這裡沒有決定性的大國存在，也沒有堪稱地區霸權的國度存在，所以就變成了各方爭奪勢力圈的競技場。

比方說在阿富汗，當美國勢力轉弱之際，蘇聯就展開軍事介入。蘇聯從阿富汗撤退後，高舉伊斯蘭基本教義派的塔利班就實質掌握了九成以上的國土。但當反恐戰爭開始後，美國驅逐了塔利班，建立起親美政府。只是，國力耗損的美國最終也只能完全撤退，讓塔利班再次實際掌握了國土。

前蘇聯外圍地帶的紛爭架構

東歐、高加索、中亞等紛爭地帶的共通特徵，就是這個地區原本都是構成前蘇聯的

加盟共和國,而在蘇聯瓦解後紛紛獨立,如今各國並立。會有這種現象,主要是因為俄羅斯廣為主張自己的勢力圈,採取擴張主義政策之故。

原本,裡海和黑海沿岸地區從十九世紀起,就是採南進政策的俄羅斯,和掌握海洋霸權的英國,反覆展開各式各樣對立的區域。

邁入二十一世紀後,俄羅斯採取的政策是替南奧塞梯與阿布哈茲等撐腰、承認這些國家,讓他們脫離喬治亞獨立。對於烏克蘭,俄羅斯則是在二○一四年廣場革命後吞併克里米亞,接著更進一步藉著烏東頓巴斯地區的紛爭進行實質軍事介入,創造出一個不獲承認的國家。

從英美系統地緣政治學來看,俄羅斯的擴張政策,對重視確保橋頭堡接點的海權而言,是一個威脅。聯合海權在大陸的勢力圈擴張,是為了實施封鎖政策。因此,美國與其盟國的政策,是不直接介入蘇聯在前蘇聯地帶反覆展開的軍事干涉,而是讓北約擴張,好讓構成華沙公約組織的東歐各國不再處於「權力真空」狀態。可以說北約和蘇聯之間事實上有著不成文的默契,那就是把前蘇聯地區當成兩者間的緩衝地帶。

戰爭的根源:兩種地緣政治學的對峙與交鋒　180

烏克蘭的悲劇

但是，若是改從大陸系統地緣政治學的角度來看，那麼北約的東擴，就只是要瓦解俄羅斯的勢力圈罷了。故此，萬一北約的東擴及於烏克蘭等前蘇聯地區，那就絕對無法容忍。

讓普丁大為震怒的，是在美國的支援下，爆發了民主運動「廣場革命」。支援民主化在美方看來，和瓦解俄羅斯勢力圈是兩件不同的事，但對普丁而言，這卻是背叛不成文默契的行為。於是普丁認為烏克蘭首都基輔已經屬於美國勢力圈，於是作為應對與補償，才從而併吞了克里米亞，又為烏東分離主義運動在軍事上撐腰。

只是，俄羅斯這樣任隨己意、單方面變更領土，已嚴重違反了國際社會的各種原則，因此理所當然會引發北約各國的抗議。另一方面，俄羅斯愈是介入，以基輔烏克蘭政府相關人士為首的大部分烏克蘭人民，就會和歐美愈走愈近，而俄羅斯也益發不悅。就在這種連鎖反應下，爆發了二〇二二年俄羅斯對烏克蘭的入侵。

一戰後隨著德意志帝國、奧匈帝國、鄂圖曼帝國的瓦解，在中歐、東歐誕生了眾多新生國家。這些國家在二十年後的二次大戰時遭到德國與蘇聯入侵，幾乎一度消滅；二

181　第十一章　世界各地區的紛爭架構

戰後，它們重新以獨立主權國家之姿復活，並在同盟國取勝後，依據民族自決等原則再度被納入《聯合國憲章》體制之中。

蘇聯瓦解的三十年間，在前蘇聯地區不停發生紛爭。然後到了二〇二二年，俄羅斯的領土擴張政策，遂演變成對烏克蘭的大規模軍事入侵；但是，以力量單方面變更已確立的國際秩序，並不會被國際社會大多數的國家所認可。

另一方面，戰爭的終結或停止，必須要達到力量的均衡。新的均衡狀態之形式，是透過武力紛爭的趨向來決定。即使雙方都有意停戰，但只要力量沒有達到均衡，戰爭就會再次爆發。能否持續維持停戰狀態的試金石，就是能否繼續保持力量的均衡狀態；換言之，力量均衡狀態的有無，決定了停戰的持續性。要透過力量——而非協議文件的文字——才能遏止俄羅斯的擴張政策。

為了保障烏克蘭這個非北約盟國的安全，需要新的國際安全保障體制。二〇二二年九月發表的《基輔安全協議》，就是朝這個方向邁進。光靠烏克蘭自己，要找出和俄羅斯之間的力量均衡，實在不容易。也正因此，沒有國際的支援體制，就無法維持安定。

加盟北約作為現實的選項，是烏克蘭追求的目標。但是，作為戰爭當事者的烏克蘭要加盟北約，至少在短時間內不可能簡單實現。故此，有必要引進替代性的國際安全保

戰爭的根源：兩種地緣政治學的對峙與交鋒　182

障體制。

　　當然，要建構新的國際安全保障體制，一定會伴隨著困難。前蘇聯地區全境的安定，並非一蹴可及。

第十二章 自由開放的印度－太平洋與一帶一路

當代國際社會中最根本的結構性對立，就是美中對立。這種對立在美方陣營中，被描寫成民主各國和威權各國間的對立。在中方陣營中，則大致被描繪成假借全球化之名的霸權主義與多元主義之間的對立。這種對立架構從地緣政治學來看，又有怎樣的意義呢？

中國是什麼？

從地緣政治學觀點來看，中國是怎樣的國家？這個問題在當代世界中，具有關鍵的重要意義。

但這個答案出乎意料地並不簡單。從某一方面來說，它是陸權的霸主。從大陸系統

戰爭的根源：兩種地緣政治學的對峙與交鋒　184

地緣政治學觀點來說，它或許可以定位成亞洲的霸權國。

但如果參照斯皮克曼的理論，那中國其實是「兩棲類」（Amphibia）。中國一方面在大陸上擁有壓倒性的存在感，另一方面又有通往宏偉大洋的沿海地帶。中國在歷史上不斷受到來自大陸中央地帶的勢力侵略，又受到海洋上的海盜等勢力侵蝕，雙方都令它焦頭爛額；因此或許可以說，中國就是一個具備「兩棲類」宿命的國家。

過去引發兩次世界大戰並敗北的德意志，是被陸權與海權包夾的國家。德意志作為帝國存在的歷史淵源，雖然說是源自神聖羅馬帝國，但這個十九世紀由普魯士主導、排除奧地利才成立的德意志帝國，和神聖羅馬帝國相比，是一個大幅度把存在比重往沿岸地帶移動的國家。

因此不久後，德意志就一邊在歐陸尋求霸權，同時又在海洋上與英國展開競爭。結果，德意志遂在陸權俄羅斯以及海權英國的包圍下，以此架構邁入戰爭。同樣的架構在納粹德國的二戰也若合符節。

這樣的經過，或許可以描寫成是德意志在外交安全保障政策上的失敗，但從更結構面的角度來說，其實是德意志特有地理位置所帶來的事態。不過，這是依循斯皮克曼英美系統地緣政治學理論架構所做出的解釋。

185　第十二章　自由開放的印度－太平洋與一帶一路

按照大陸系統地緣政治學重視勢力範圍的角度來解釋,德意志雖然成為了歐洲霸權國,但因其擴張主義太被周遭警戒,所以產生了和鄰近勢力範圍霸權國之間的衝突。

按照英美系統地緣政治學,中國既然屬於「兩棲類」,那在地緣政治學上的定位就和過去的德意志一樣。曾經在近代化腳步上落後、危若累卵的二十世紀中國,是以地面兵力為中心,來整頓自身的軍事力量。但是當今的中國,在海軍力量方面也有令人側目的進展。不管陸地還是海上,中國都意圖鞏固自己身為霸權國的地位。按照大陸系統地緣政治學的理論架構來說,中國是意圖在東亞確立自己的生存空間/勢力圈/大空間,並打算在海上與陸地上都確立這種霸權。

中國有著根深柢固的中華帝國傳統。中華思想的特徵是,世界最先進的文明位在中國首都、中國就是世界中心這一觀念。所謂朝貢制度,就是理解中華帝國赫赫聲威的周邊各國,因為確認到力量差異,所以帶著朝貢品前往中華帝國首都參見的制度。

在地區研究的範疇中,一般認為亞洲傳統上存在著被稱為「曼荼羅國家」的一群國家,其在領域性上具有曖昧性格。「曼荼羅」是來自印度教宇宙論的概念;所謂「曼荼羅國家」這一概念,就是指透過從中心點往外放射的同心圓狀空間,來確認政治體存在的狀況。這個概念一般應用在印度和東南亞這種複數政治權力並存的情況,但在政治體

戰爭的根源:兩種地緣政治學的對峙與交鋒　186

沒有明確界線、以中心點來定義的這點上，中華帝國也可說具備了同樣的性質。

另一方面，中華帝國雖然確實疆域遼闊，但並不像歐洲近代國家那樣，有明確的國境線來畫定國家領土。不過它確實具備壓倒性力量的政治權力，且其聲威所及之處皆可確認其國家之存在。大陸系統地緣政治學觀念中的生存空間／勢力圈／大空間，在亞洲即是歷史上國家存在的本質。這個典型例子，就是由中華思想背書保證的中華帝國傳統。

這個中華帝國的範圍，不受明確的國境線限制，而是依照和周邊國家力量的差距，並透過聲威傳播的範圍而確定下來；因此，不只是陸地上，在海上也會持續向外延伸。存在於東海和南海的所謂「九段線」，就和現代國際法認定的中國國境線不同，而是顯示了歷史上中華帝國聲威及於海上時，被認定曾有過的範圍。

聯合「海權」重視現代國際法秩序原則，標榜英美系統地緣政治學，是故絕對不會認可這種事情，但是按照大陸系統地緣政治學的理論，歷史性的中華帝國往海洋延伸之生存空間／勢力圈／大空間，則是可以理解的。

像這樣繼承中華思想傳統，擁有廣大「勢力範圍」的「兩棲」中國，和位於歐亞大陸深處不毛之地，本能想擴大領地尋求不凍港與肥沃土地的俄羅斯，在發想、方法上，

187　第十二章　自由開放的印度－太平洋與一帶一路

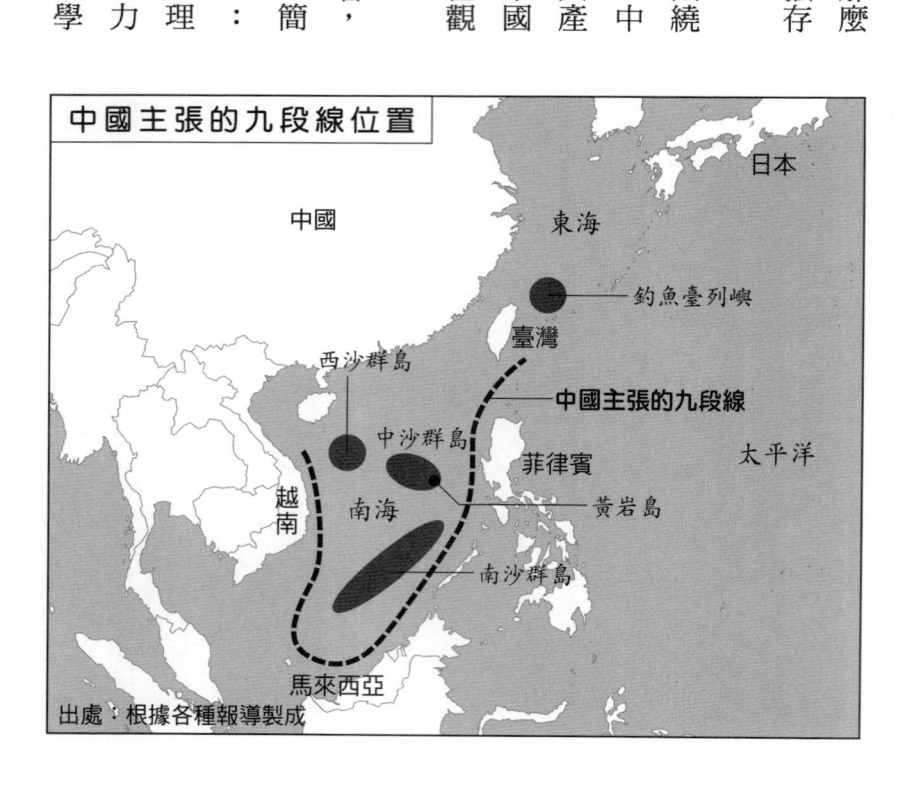

都截然不同。如果看錯這點,那麼從地緣政治學掌握中國這個超強存在的嘗試,全都會以落空告終。

隨著中國化身超級大國,圍繞臺灣海峽的緊張感也日益高漲。中國入侵臺灣的威脅,既是中國共產黨支配領域範圍的問題,也是中國實質掌握領土範圍的問題。這種觀點當然是正確的。

但從地緣政治學的觀點來看,臺灣問題還蘊含著更大的問題。簡單說,它直接連結到的問題是:該依循大陸系統地緣政治學的理論,讓中國確立直抵海洋的勢力圈?還是依循英美系統地緣政治學

中國主張的九段線位置

日本
中國
東海
釣魚臺列嶼
西沙群島
臺灣
中沙群島
中國主張的九段線
越南
南海
菲律賓
太平洋
黃岩島
南沙群島
馬來西亞

出處:根據各種報導製成

戰爭的根源:兩種地緣政治學的對峙與交鋒　188

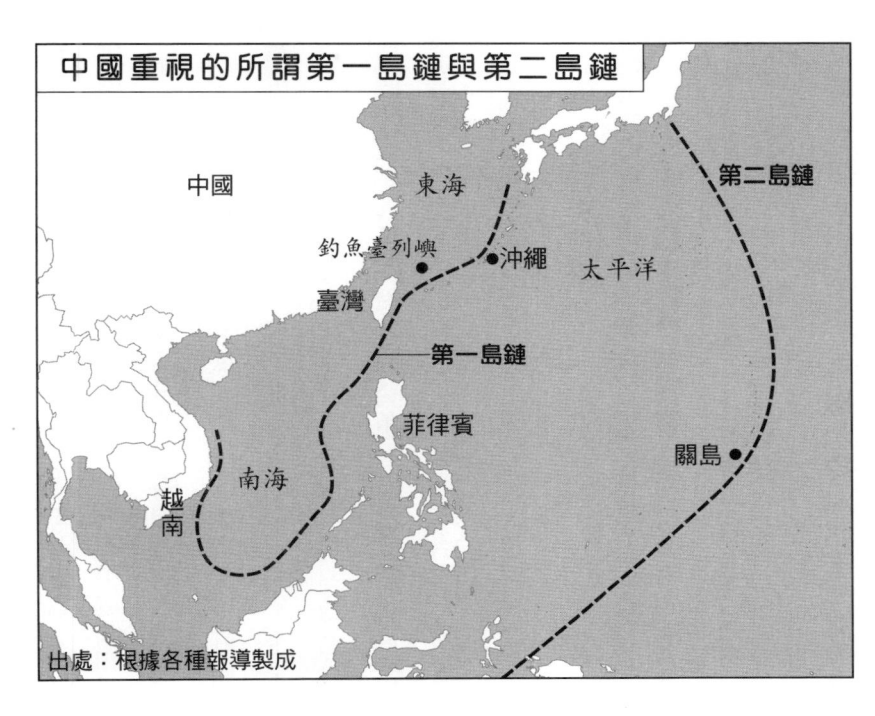

中國重視的所謂第一島鏈與第二島鏈

中國　東海　第二島鏈　釣魚臺列嶼　沖繩　太平洋　臺灣　第一島鏈　菲律賓　關島　南海　越南

出處：根據各種報導製成

的理論，以聯合海權阻止中國在邊緣地帶的霸權？不只是中國，美國和日本之所以都把臺灣問題的走向看成攸關生死的國家利益問題，其理由也在於此。大陸系統與英美系統的地緣政治學之世界觀扞格，在二十一世紀是以美中對立為象徵，並且圍繞著臺灣問題，展開了最戲劇化的發展。

如果試著從地緣政治學來看作為中華帝國的中國之存在，就會推演到一個分析上關鍵且重要的問題。為了掌握中國在地緣政治上的定位，重要的是檢討：到底我們要依循英美地緣政治學，把中國定

對於中國追求的世界戰略，現在多用「一帶一路」的概念來解釋。

一帶一路是什麼？

握中國，這依舊是二十一世紀國際政治的大問題。

不只是中國人，對周遭各國的人們，乃至於對世界上受中國影響的人們而言，這都是個今後必須長期思考的問題。但就算如此，該如何用兩種相異地緣政治學的視角來掌實國力的，從歐美主導的地緣政治學視角，不見得可以得到精準切中的分析。

說到底，中國的領導人或許會覺得，中國是依循中華帝國之傳統來充完全清晰的解答。

但是恐怕，已經成功迅速擴張國力的中國，在地緣政治學問題上，還無法得出一個力圈／大空間的亞洲－西太平洋霸權國？這個問題，會顯示出重大的分析角度之分歧。

位為「兩棲類」？還是依循大陸系統地緣政治學，把中國定位為擁有廣大生存空間／勢

所謂一帶一路，是以中國為起點，循亞洲－中東－非洲東岸－歐洲，由陸路的「一帶」與海路的「一路」結合，建構經濟合作關係的戰略。它的目標是企圖透過經濟政策、基礎設施、投資貿易、金融，以及人才交流等五個領域，致力擴大交易與活絡經濟。

中國一帶一路的構想

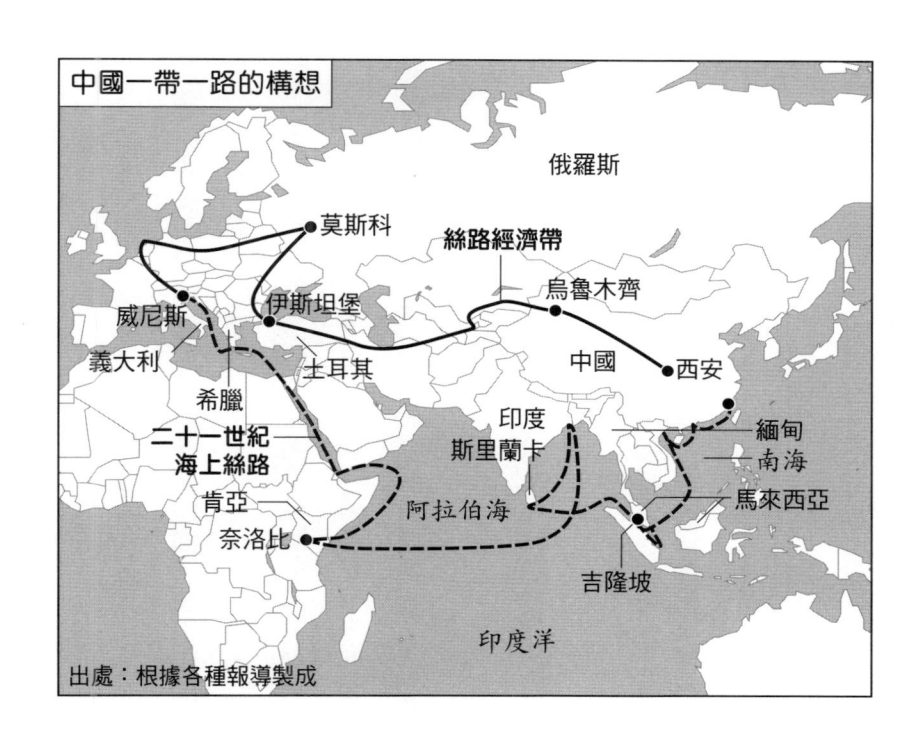

> 俄羅斯
> 莫斯科　**絲路經濟帶**
> 威尼斯　伊斯坦堡　烏魯木齊
> 義大利　土耳其　中國　西安
> 希臘
> **二十一世紀海上絲路**　印度　緬甸
> 　　　斯里蘭卡　南海
> 肯亞　阿拉伯海　馬來西亞
> 奈洛比　吉隆坡
> 印度洋
> 出處：根據各種報導製成

「一帶一路」構想不只是讓貫串歐亞大陸的（中國勢力圈）以複數帶狀往外放射延伸，更要確立從中國大陸沿海地帶延伸出去的海上交通路徑。

相對於俄羅斯依循傳統南下政策形式擴張其影響力，一帶一路是以帶狀方式傳遞到歐亞大陸外緣部分，以期提高中國的影響力；在這方面來說，兩者的向量傳導樣貌並不相同。中國也不像俄羅斯這樣，為了尋求大洋而南下。

中國為了確保資源的安定與對市場的接點，沿著邊緣地帶擴張其影響力。因此一帶一路和聯合海權

191　第十二章　自由開放的印度－太平洋與一帶一路

的封鎖政策,並不是在特定的點上對峙,而是沿著平行線對峙。中國所到之處都呈現壓倒性的存在感,比如說在北韓相關問題上就特別顯著。光是以超強中國為後盾,就沒辦法單單靠美國優勢的狀態來輕鬆解決問題。類似的架構也出現在緬甸政變後成立的軍事政權。正因為軍政府事實上以中國為後盾,才能耐住以聯合海權歐美各國為中心的壓力,直到現在依然存活。

不只如此,中國更進一步對阿富汗、中亞各國乃至非洲各國,投入財政貢獻與政治調停的參贊與關心。特別是非洲,中國投入大量援助,其影響力遠比過去來得更大。在這當中,按照一帶一路象徵的視角,也可以看出擴張本國影響力的勢力範圍式發想。

結果,按照大陸系統地緣政治學的角度,我們可以把一帶一路,看成是中國這個超大國在擴大生存空間／勢力圈／大空間的政策方針。成為超強國的中國,極為理所當然且不可避免地,會因應國力追求自己生存圈／勢力圈／大空間的擴張。

從英美地緣政治學來看,聯合海權對這種中國的勢力範圍式發想,會把它當成實質上的擴張政策,並竭盡心力去圍堵封鎖之。

但是和對俄羅斯這種典型陸權的封鎖不同,現在是要尋求的是能對「兩棲類」超強國的擴張政策進行封鎖的一種對策。簡單說,中國從一帶一路的陸海雙方,沿邊緣地帶

戰爭的根源:兩種地緣政治學的對峙與交鋒　　192

自由開放的印度-太平洋是什麼?

伴隨一帶一路受到矚目,另一個人們認為實際型態上能與之對抗的概念,也日益受到關心——即「印度-太平洋」(Indo-Pacific,以下簡稱印太)。「印太」概念雖然是從海洋學等自然科學領域產生出來,但日本的安倍晉三首相將它帶進了國際政治當中。

現在,相對於中國的一帶一路構想,印太這個概念已經作為一個戰略概念受到廣泛運用,用來推進以美國為中心的同盟網絡。美國在二○一七年第一次川普政權時代發表的《國家安全戰略》中,「印太地區」就被當成最重要地區特別加以強調,這個區域中的「日本、澳洲、印度」就是安保政策上的重要合作對象。這個群體日後被稱為「四方

擴張其生存空間/勢力圈/大空間;而聯合海權要追求的是針對中國這種做法加以封鎖的策略。

按照預測,今後中國的人口和經濟成長都會慢慢遲緩。但是急遽發展、被看成超強國之一的中國,其影響力能擴大的程度還有相當潛力。這種一帶一路的戰略,會和亞太戰略產生摩擦,並且會橫跨至紛爭頻傳帶狀地帶。這樣的傾向今後還會不斷增加。

安全對話」（QUAD），也就是將傳統太平洋上的美國同盟網絡加進印度，形成包圍中國的狀態。

美國和日本、澳洲的關係是以「自由開放的海洋」為關鍵發展起來的，這只是在深化傳統上以美國為中心樞紐，累積複數兩國間同盟而成立的「樞紐－輻射型」（hub-and-spoke）結構。但是，將印度這個位在歐亞大陸中央橋頭堡且成為二十一世紀超強國的存在納入其中，從而形成「QUAD」這個「自由開放的印太」的推進力，之後，它就成了一個極為引人注目的潮流。

中國和印度雖在領土等問題上處於爭議關係，但採取的仍是傳統上不結盟運動的親睦路線，到了二十一世紀，也還是透過BRISC（金磚國家）保持交流，直到現今。

相對於此，美國和印度並沒有任何制度上的關係。過去對大英帝國而言，英屬印度是最重要地區，從這點來想，和印度的關係疏遠，即是美國對外政策方面一個巨大的腳鐐，這點自是不證自明。

在這層意義上，「QUAD」的一大注目焦點，就是印度被拉進了這個美國的海洋國家同盟網絡架構中。

日本的安倍晉三在二〇〇六年的著作中，就呈現出重視印度的態度；之後他就任首

戰爭的根源：兩種地緣政治學的對峙與交鋒　194

印太戰略

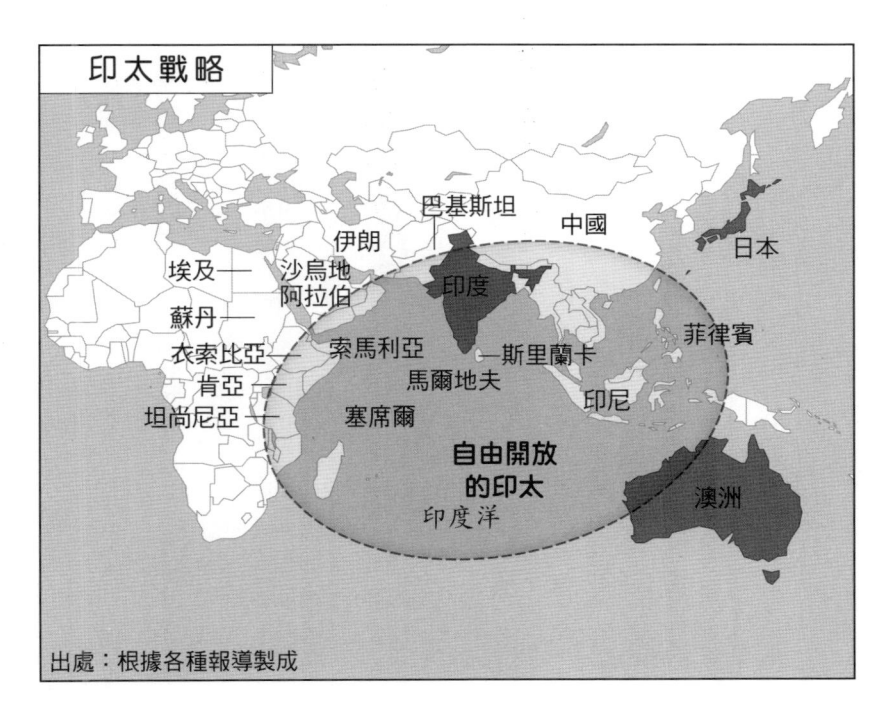

地圖標示：巴基斯坦、中國、日本、伊朗、印度、菲律賓、埃及、沙烏地阿拉伯、蘇丹、衣索比亞、索馬利亞、斯里蘭卡、肯亞、馬爾地夫、印尼、坦尚尼亞、塞席爾、澳洲

自由開放的印太
印度洋

出處：根據各種報導製成

相，隔年便首次前往印度訪問，當時進行的演說中，首次提出了「兩洋交會」的「印太」概念。這個來龍去脈，顯示了安倍政權依循英美系統地緣政治學的邏輯來推動對外政策。

安倍晉三在第二次擔任首相前的二○一二年，也在英語論文中提出「亞洲民主安全之鑽」的概念，作為第二次安倍政權的外交政策方針。這是把日本、澳洲、印度、美國四個國家，看成守護印度洋與太平洋貿易路線及法律管控的四角形構成要素，也就是特別強調這四國網絡重要性的思考方式。

195　第十二章　自由開放的印度－太平洋與一帶一路

這個「亞洲民主安全之鑽」，更進一步沿著中國對一帶一路的延伸而擴張自身的地理範圍，並在概念上進化之後，即是「自由開放的印太戰略」。

為什麼以美國為中心而形成的海洋國家網絡引進印度，是很重要的呢？那是因為印度是歐亞大陸最大的橋頭堡。

印度的走向，會對邊緣地帶的動向產生重大影響。印度如果跳離美國的話，要守護印度太平洋的法之支配就會變得相當困難。「QUAD」的本質，就是美國的「海權」，與印度自己的網絡結合。

近年來，以英法等在印太地區擁有本國領土的各國為中心，歐洲各國間對「自由開放的印太」關心也日益高漲。美、日、澳、印結合的線，再加上英國等歐洲各國後，可以看見一個漸漸變得更加清晰、沿著邊緣地帶，和中國一帶一路對峙的海權同盟各國網路在形成之中。

體現英美系統地緣政治學的自由開放印太（FOIP），和作為大陸地緣政治學新發展預兆的一帶一路（BRI），兩者對峙的這個架構，將是決定二十一世紀國際政治走向，最重要的國際社會對立架構圖式。

結語　名為地緣政治學的紛爭分析視角

在本書執筆時，我重新買了好幾十本近幾年出版的、書名有「地緣政治學」這個術語的書籍，盡可能地廣泛涉獵。有的書插入許多彩色插圖，也有的以漫畫登場人物互相對話的形式展開，言簡意賅，讓人賞心悅目。

關於地緣政治學，可以有各式各樣的發揮。有的附上輕鬆易懂的地圖，理解上很便利；有的澈底將之單純化、劇情漫畫化；有的進行詳細國際情勢分析，林林總總，不一而足。地緣政治學視角的魅力之一，就是既有簡明的訊息──即「地理條件對國際情勢帶來的影響」──同時，也可以有各式各樣的切入點。地緣政治學所具備的這種強大包容力，今後應該也能維持下去，並不斷發展吧。

但儘管如此，對我而言仍然感到不滿的是，很多時候，人們都把地緣政治學當成一個好像自我完滿、已經完結的學術領域來看待。或者反過來說，一般普遍都把多元的地

緣政治學視角，看成只是單純的內部混亂而已。我從以前開始就對這種傾向感到不滿，但這次試著重新檢討後，這種不滿程度又更高了。

確實，能用構圖方式理解世界情勢，是地緣政治學視角的一大魅力。但若是如此，就會把整個地緣政治學，變成一種只是「世界觀一致的人們，彼此為了自身的權力慾望產生衝突」這種極為靜態的世界理解。

在現代世界中，武力紛爭頻傳。俄羅斯入侵烏克蘭這種戲劇化事件導致的悲劇，依然持續不輟。這個世界的矛盾，以戲劇化的方式呈現出來。因此靜態印象的地緣政治學理解，對我而言只是平添不滿而已。

圍繞地緣政治學的糾葛，毋寧說是在「人們怎樣看待這個世界」這種世界觀的層次上，反映出人類的鬥爭。圍繞地緣政治學的爭鬥，就是圍繞人類世界觀的爭鬥。

本書就是在這種直率的想法下執筆而成的。為了讓這種問題意識更清晰呈現，我把焦點放在英美系統與大陸系統這兩種在完全相異的世界觀上成立的地緣政治學之間的糾葛。圍繞著地緣政治學的討論中，會呈現出人類的世界觀鬥爭，把握住這個，才是結構性地理解當代世界紛爭狀況的關鍵。我所強調的就是這個視角。

戰爭的根源：兩種地緣政治學的對峙與交鋒　　198

地緣政治學視角所闡明的國際紛爭架構，是怎樣一回事呢？面對這個問題，兩種相異地緣政治學世界觀相互角力的結構，可以提供給我們一個答案。

兩種相異的地緣政治學，清楚描繪出擁有迥異世界觀的人們發生爭端的樣子。地緣政治學並不只是要描寫擁有共同世界觀的人們，單單為了利益算計引發紛爭的世界；相反地，它要闡明的是，世界觀打從根本就相異的人們，在世界觀的這個層次上爭鬥的樣貌。

地緣政治學常被說具有宿命論的性質；畢竟它在思考的是地理條件等等這些對人來說屬於外在的要素，會怎樣決定人類的命運。這點不管英美系統還是大陸系統地緣政治學都符合。但是，擁有相異世界觀的人們，就會看見不同的命運。一方面，我們會看到，同樣的一群人凝視著同一個世界，自己則被命運玩弄，與此同時，也要描繪出玩弄這些人的命運本身，就是迥異的。

人類確實是會被命運所玩弄，可是關於這命運究竟是怎麼一回事，人類始終不能完全掌握。至少在命運澈底清晰顯露之前，我們是不可能完全洞察整個命運的。因此雖然我們會感受到宿命論的巨大力量，但關於這命運它到底隱含了什麼的世界觀鬥爭，還是會不停蔓延下去。

199　結語　名為地緣政治學的紛爭分析視角

企圖將命運操縱在手上的人類野心，與意圖對抗命運的人類野心，兩者幾乎沒有差異，也很難加以區分。為什麼會這樣，其實說到底，就是因為我們還不能洞察自己的命運。

我們所能做的，就是在熟知這種前提的情況下，竭盡努力地去理解那命運到底是什麼，而被命運玩弄的人們又是怎樣一回事。

地緣政治學的視角，暗示著這個世界上，存在著一股可以稱為命運的巨大力量。但是，這個命運到底是什麼，我們人類仍未能完全把握。在這種不確定性當中，我們仍舊繼續努力生存下去。

本書參照的日語基礎文獻

ハルフォード・ジョン・マッキンダー（曾村保信譯）『マッキンダー地政学：デモクラシーの理想と現実』（原書房，二〇〇八年）【即麥金德《民主的理想與現實》(Democratic Ideals and Reality: A Study in the Politics of Reconstruction, 1919)】

ニコラス・J・スパイクマン（奧山真司譯）『平和の地政学：アメリカ世界戦略の原点』（芙蓉書房出版，二〇〇八年）【即斯皮克曼《和平的地緣政治學》(The Geography of the Peace, 1944)】

ニコラス・J・スパイクマン（渡邊公太譯）『スパイクマン地政学「世界政治と米国の戦略」』（芙蓉書房出版，二〇一七年）【即斯皮克曼《美國世界政治戰略》之抄譯本（America's Strategy in World Politics: the United States and the Balance of Power, 1942）】

ニコラス・J・スパイクマン（小野圭司譯）『米國を巡る地政学と戦略：スパイクマンの勢力均衡論』（芙蓉書房出版，二〇二二年）【即斯皮克曼《美國世界政治戰略》之全譯本】

カール・ハウスホーファー（土方定一、坂本德松譯）『地政学入門』（一九四一年）【即豪斯霍弗《地緣政治學各種基本要素》之抄譯本（Bausteine zur Geopolitik. 1928）】

カール・ハウスホーファー（窪井義道譯）『大陸政治と海洋政治』（大鵬社，一九四三年）【即豪斯霍弗《世界海洋與世界強國》之抄譯本（Weltmeere und Weltmächte. 1937）】

カール・シュミット等（新田邦夫譯）『攻擊戰爭論』（信山社，二〇〇〇年）【即施密特《國際侵略戰爭罪與無罪原則》（Das Internationalrechtliche Verbrechen Des Angriffskrieges Und Der Grundsatz Nullum Crimen, Nulla Poena Sine Lege）…詳見第三章頁71註腳1。】

カール・シュミット（新田邦夫譯）『大地のノモス…ヨーロッパ公法という国際法における』上、下（福山出版，一九七六年）【即施密特《大地之法》（Der Nomos *der Erde im Völkerrecht des Jus Publicum Europaeum*, 1950)】

北岡伸一、細谷雄一編『新しい地政学』（東洋經濟新報社，二〇二〇年）

篠田英朗『「国家主権」という思想：国際立憲主義への軌跡』（勁草書房，二〇一二年）

篠田英朗『国際紛争を読み解く五つの視座　現代世界の「戦争の構造」』（講談社選書メチエ，二〇一五年）

國家圖書館出版品預行編目 (CIP) 資料

戰爭的根源：兩種地緣政治學的對峙與交鋒 / 篠田英朗著；鄭天恩譯. -- 初版. -- 新北市：遠足文化事業股份有限公司一卷文化，遠足文化事業股份有限公司, 2025.05
　面；　公分
ISBN 978-626-7686-05-8 (平裝)

1.CST: 地緣政治 2.CST: 國際關係 3.CST: 國際衝突 4.CST: 戰爭

571.15　　　　　　　　　　　　　　　　　　　114003713

戰爭的地緣政治學

作者｜篠田英朗
譯者｜鄭天恩

一卷文化

社長暨總編輯｜馮季眉
責 任 編 輯｜盛浩偉
封 面 設 計｜張巖
內 頁 排 版｜宸遠彩藝

出　　　　版｜一卷文化／遠足文化事業股份有限公司
發　　　　行｜遠足文化事業股份有限公司（讀書共和國出版集團）
地　　　　址｜231 新北市新店區民權路 108-2 號 9 樓
電　　　　話｜(02)2218-1417
客 服 信 箱｜service@bookrep.com.tw

法 律 顧 問｜華洋法律事務所 蘇文生律師
印　　　　製｜中原造像股份有限公司

出 版 日 期｜2025 年 5 月　初版一刷
定　　　　價｜380 元　　書號｜2TWD0004
I　S　B　N｜9786267686058（平裝）、9786267686065（EBUP）、9786267686072（PDF）

著作權所有・侵害必究
特別聲明：有關本書中的言論內容，不代表本公司／出版集團之立場與意見，文責由作者自行承擔。

《SENSO NO CHISEIGAKU》
© Hideaki Shinoda 2023
All rights reserved.
Original Japanese edition published by KODANSHA LTD.
Traditional Chinese publishing rights arranged with KODANSHA LTD.
through AMANN CO., LTD.
本書由日本講談社正式授權，版權所有，未經日本講談社書面同意，不得以任何方式作全面或局部翻印、仿製或轉載。